In the presence of the greatest mentors,
we harness the power to reshape our lives.

「偉大なメンターに直面すると、
その力を賜り、人生を新しいものに形づけていく」

Ryu Julius

まえがき

「大事なのは、自己成長の積み重ねだ」。だが、ほとんどの若者はそれを知らない。

ではどこで知る？　家で？　学校で？

まさか。由々しき事態だが、誰の責任だ？　俺たち大人だ！　それを知らせるのは俺たち大人の役目だ！」

これは本書の執筆に当たり、編集者との打合せで録音した音声の一部だ。我ながら、熱い。

いまどき、「熱血」なんて敬遠され、根性論だと煙たがられるかもしれない。

だが僕を救ったのは「熱さ」だ。ある人に教わった「熱さ」こそが僕を変えた。倒れても、這いつくばっても消えない炎が、僕を支えてくれた。

本書は「熱さ」の指南書だ。この時点で温度差を感じるのなら、この先は読まなくていい。

そうしてこれまで通り、「やればできる」と、先延ばしにして生きればいい。

でも、君はこの本を手に取り、開いた。それはきっと、人生を変えたいと心の底で願っているからだ。

本書を読めば人生が激変するとは言わない。当然だ。しかし読了する頃には、己のなすべきことがわかるだろう。


さて、こんな暑苦しいことを叫んでいる僕は何者なのか。

僕はしがない歯科医だ。そう、街の歯医者さん。白衣を着て、歯を治療している。

なぜ歯科医がこんな本を書くのか――。

僕の経営する歯科医院の技術は、世界でも上位5%に入るはずだ。

そうした技術で大勢の患者さんを笑顔にできたことは、僕の誇りだ。しかしここに至る道のりは険しかった。本文でも繰り返すが、僕は頭が悪い。人がすぐに覚えられることを、三度やっても覚えられない。だから努力が必要だった。

強い人間でもない。困難から逃げ出すたびに自己嫌悪し、もう逃げないと誓うのに、また逃げてしまう。

それでも「熱さ」さえ諦めなければ、成長し前に進めた。大切なのは、順風満帆《じゅんぷうまんぱん》に生きることではない。今この瞬間を熱く生きることだ。僕はこれからも挑戦し続ける。

若者は柔軟で頭が良い。だが効率ばかりを追求し、自己成長の意識が低い傾向がある。「熱さ」が野暮ったいと思われる風潮だから、無理もない。

世の中にはノウハウが溢れている。「これさえすれば成功する」と謳った必勝法、そんなものに踊らされるな。

好むと好まざるとにかかわらず、本書では一撃必殺のノウハウなど一切述べない。泥臭くても、不器用でも、確実に前進する力。そのための「熱さ」を、身につけてほしくてこの本を書いた。

少しでも多くの人に、この「熱さ」が伝わることを心から祈っている。

阿部ヒロ

序章

君は、チャレンジしているか？

砂漠の真ん中でトレーニングが始まった

世間では、新型コロナウイルスとの戦いの火蓋《ひぶた》が切られた2020年のある日、僕は日本から9000キロ離れたアメリカ・ネバダ州の砂漠の真ん中で、ひとり途方に暮れていた。飛行機が不時着したとかクルマが故障したというわけではない。そこまで乗ってきたクルマから身ひとつで放り出されたのだ。

現金とクレジットカードが入っていた財布は取り上げられて一文無し状態。持ち物と呼べるのはスマートフォン一台のみ。犯罪に遭ったわけではないが、まるでギャング映画かなにかのワンシーンみたいで、目の前に広がる砂漠とそのはるか彼方に小さくかすんで見えるラスベガスの街並みを眺めていたら実際そんな気がしてきた。

ラスベガスはアメリカ・ネバダ州の南部にある州最大の都市で、言わずと知れたギャンブルの代名詞のような街であり、かつてはこの地を舞台としたギャング映画が何本も作られてきた。連なる山々に囲まれたネバダ砂漠の盆地の一角に、寄せ集められたように造られたラスベガスの街。そこから遠く離れた砂漠を突っ切るハイウェイの道路際《ぎわ》に、僕はひとりぽつんと立っていたのだ。目に入るのは陽の光を乱反射して鉛色に輝くアスファルトの道路と、あたり一面に広がる荒涼とした砂漠のみ。頭上には雲ひとつない抜けるような青空と灼熱の太陽の他なにもない。

電話一本で助けに来てくれる知り合いなどいるはずもなく、見知らぬ土地で完全なアウェイ状態である。はなはだ心もとない限りだが、ここでただボーッと突っ立っているわけにはいかない。僕はこれから法に触れない限りはどんな手を使ってでもなんとか現金を手に入れて、日付が変わる深夜0時までに指定された場所に届けなければならないのである。そのカネが100万ドルとかだったら、そのまんまドラマのストーリーになりそうなのだが、僕がゲットすべき金額は100ドルである。

（たった100ドル？　そんなの大したことないじゃないか——）

それだけ聞いたら誰もがそう思うだろう。僕も内心そう思っていた。だが、そんな見通しが甘かったことは、その後見事に証明されることになる。

というより、話の流れとしてそもそもなんでそんな羽目に陥ったのか、ということから説明するのが筋だろう。当然だ。

これは僕がなにかの賭けで負けたとか、しくじったことに対する罰ゲームの類《たぐ》いではない。それが誰かは後で説明するが、「彼ら」が言うところの「チャレンジ」であり「トレーニング」なのである。要するに徒手空拳《としゅくうけん》の状態から100ドルの現金を手に入れることによって、僕は得難い成果を手にすることができるらしい。

容赦なく降り注ぐ日差しが砂上に作り出した自分の短い影を見つめながら、僕は何度も深呼吸をし、懸命に考えを巡らした。

当然のことながら、金を持っているのは人間である。つまり人に会わない限り金は得られない。しかし、こんな砂漠の一本道を歩いている人間なんて僕以外にいない。平常時ならまだしも、いまのコロナのことを考えたら、僕のことを不憫《ふびん》に思ってクルマに乗せてあげようなどと考える人もいないだろうから、結局そこから一番近い街、すなわち出発地点であるラスベガスの街に自分の足で戻らなければならない。

砂の海の向こうにかすんで見える街のほうまで歩いて戻るのかと考えると、気が滅入った。それでもとにかく僕は歩き始めた。「1000マイルの旅も1インチから」

という言葉を思い出しながら。

本来ならば歩きながら100ドルを手に入れる手段を考えるべきなのだろうが、頭に浮かんでくるのは、自分が経営する歯科医院のスタッフはなにをしているんだろうかとか、靴に入り込んだ砂がうっとうしいといった、いわゆる雑念ばかりだった。

歩き始めてからどれくらい経っただろう、僕はようやくラスベガスの街の見覚えのある場所にたどり着いた。汗をかいてもその途端に蒸発してしまうので着ているシャツは乾いているが、喉《のど》のほうも同じくらいカラカラに渇いていた。

(なんで高いカネを払ってまでわざわざこんなことをやってるんだろう……)

納得ずくでやっているつもりだったが、いくら抑えようとしてもそんな思いがふと浮かび上がってくる。いま、高いカネといったが、並の値段ではない。ちょっとした高級車が一台買えてしまうくらいの対価を払ってやっていることなのだ。

どうしてそんな大金を払ってまで、わざわざアメリカくんだりまでノコノコとでかけて行ったのかというと、そこには当然、理由がある。始まりはいまから30年前に、ある人物が僕に発したひと言だった——。

人生変えたい!?　熱く生きるためのユダヤの教え

第2章——君は、挑戦する勇気を持っているか？ 57

第3章——君は、自分の才能に気づいているか？　95

第4章——君は、自分を成長させる努力をしているか？　113

第5章――君は、コミュニケーションを大切にしているか？ 135

第6章 君は、世界を変える覚悟を決めているか？ 163

※本書は著者の体験を元にしたフィクションです。
実際は、ユダヤ人のご家庭から直接教育を受けたR.Julius先生より、
著者が教わった内容を書籍化したものです。

第1章

君は、このままで終わっていいのか？

現状維持こそ、
最大のリスクである。

——【ユダヤの諺より】

・二十歳のメンター

半年後に高校受験を控えた中学校3年生の夏休み。学校の成績が振るわず、いつもクラスの下のほうをうろうろしていた息子を案じて両親が僕に家庭教師をつけてくれた。僕の人生を変えたのは、そのときの家庭教師が僕に投げかけたある言葉だった。

当時の僕は勉強もスポーツも、すべてにおいてやる気のない、ぬるくて甘ったるい、まるで気の抜けたサイダーのような人間だった。

授業中も先生の言葉は右の耳から左の耳に抜けていくばかりで、魂が抜けたようにただ机に向かって、時間が過ぎていくのをぼんやり待つだけの無気力状態。かといって放課後の部活でも本気でレギュラーを目指そうとか、大きな大会を目指して立派な成績を上げようなどといった野望もなく、だらだらと毎日を送るだけのなんの取り柄もない中学生のひとりだった。さっき「学校の成績が振るわず」と書いたが、実はそんな程度では済まないくらいひどかった。英語のデスクが机であることはわかっていたが、それを英語で「ＤＥＳＫ」と書くことを初めて知ったのがその中学3年のときなのだから自分でもちょっと呆れる。

しかし3年生ともなれば、ここから先に待ち受ける高校受験という関門はいやでも通らなければならない。別に高校なんか行かなくても生きていけるさ、と大口を叩けるほどの気概も勇気もない。

クラスの他の生徒たちは受験に備えて着々と勉強していて、どこか殺気めいた雰囲気を漂わせている。このままでは自分だけがどんどん取り残されてしまう。心の片隅に若干の焦りを感じながら、それでもなぜか本気になれない自分がいた。

そんな僕を見かねた両親が考えた解決策が「家庭教師」だったのだ。

家庭教師と聞いて僕は戸惑った。学校の授業なら先生ひとりにその他大勢だから適当に流していてもバレないが、家庭教師は一対一のマンツーマンだ。教師の目は常に自分ひとりに向けられているのだからサボるわけにはいかない。

（出された問題が解けなくて怒られたらいやだなあ……バカだと思われたらいやだなあ……）

そんなことを考えれば考えるほど、目の前が暗くなり気持ちが沈んでいった。

やってきたのは高専に通う二十歳の現役学生で、「先生」と呼ぶにはちょっと若すぎるような気もしたが、とても真面目で誠実そうな、それこそ絵に描いたような好青年だった。だがその真面目な好青年ぶりが、僕自身のダメさを際立たせるような気がして、かえって僕を萎縮させるのだった。

何を言われても、何を聞かれても要領を得ない返事しかできない僕のことを、最初は根気強く見守ってくれていたが、そのうち僕のあまりにもやる気のない言動に業《ごう》を煮やしたのだろう。あるとき、僕の目を恐ろしいほど真剣な表情で真っ直ぐに見て先生が言った。

「君は、このまま終わってしまっていいのか!?」

ハンマーで頭をぶん殴られたような衝撃が頭の天辺《てっぺん》からつま先まで貫いた。その口調が、それまでずっと僕の目を覆っていた薄膜を取っ払い、耳を塞いでいた栓を引っこ抜いた。そんな感じだった。そのひと言が僕の人生を変えたのだ。

「なんだ、人生を変えた言葉って、そんな単純な言葉だったのか」と半分がっかりした人もいるだろう。

確かに「お前はこのままで終わっていいのか」とか「いまのままでいいと思っているのか」といった類の言葉に新鮮味はないかもしれない。ドラマや映画でも使い古された、数ある説教フレーズの中でも定番中の定番だ。

今日、いまこの瞬間にも、職場や会議室、酒場、教室、運動部の部室、練習場、稽古場……ありとあらゆる場所で使われているだろう。他人から言われなくても「自分はこのままでいいんだろうか」と自問自答したことのない人はいないのではないだろうか。

「言葉」は、まったく同じ表現、内容であっても、それが、いつ、どこで、誰によって、どう発せられたかによって、その言葉の持つ意味や重み、意義は大きく変わる。

いま挙げた先生の言葉も同じだった。

「君はこのままで終わってしまっていいのか⁉」

まったく同じことを別の人に言われていたら、例えばそれが中学の先生だったらどうだっただろう。あるいは、同じ家庭教師の先生であっても、初めて会ったその日に言われていたらどうだっただろう。その言葉は心に響かなかったどころか、反発を覚えて、さらに心を閉ざしてやる気をなくしていたかもしれない。

運命を変える言葉との出会いは、タイミングが大事だ。言い方を変えれば、言葉との出会いとはまさに「一期一会」そのものなのだと思う。

もしあの日、あの瞬間に「君はこのままで終わってしまっていいのか!?」という言葉をかけられなかったら、僕がいまこうしてこの本を書いていることもなかっただろう。

あの衝撃の言葉を投げかけられて以来、先生の口から出る言葉の数々は乾ききった地面に降る雨のように僕の心に染み、僕を動かした。

先生は青春ドラマに出てくるようないわゆる熱血漢タイプの人間ではなかった。目をギラつかせて叱咤《しった》激励するわけでも、声を荒げることもなく、口調は常に淡々としていて抑え気味ではあったが、その瞳の奥には常に情熱が感じられた。

「死ぬ気で頑張るってことの意味がわかってる? 本気になるっていうのは、それくらいやらないとダメなんだよ」

たとえばそんな言葉の一つひとつが、心にグサグサと突き刺さった。

自分でもなんとなくマズイなとわかっていても、見ないふり、気づいていないふりをしていたことを容赦なく指摘してくるのだ。それでも僕の心は傷つかなった。なぜならその根底に先生の愛情があったからだと思う。


授業の半分は、勉強そのものよりも人間力について、あるいは人生について語ることに費やされた。先生の話を聞くたびに僕の心は熱くなった。それが繰り返されることで、僕の心にも先生の情熱が飛び火していった。

自分の将来の可能性を自分で閉ざしてしまうようなことはしたくない。ただ、勉強をする以外に、何をどうすれば未来が拓けていくのかわからない。先生に聞いても、自分の頭で考えろ、と言われた。

それで一所懸命考えるが、それでもわからない。自分の頭で考えることを放棄していた僕には、考え方すらよくわからなくなっていたのだ。このままではダメになる。変わらなければならないことだけはわかっていたのだが……。

そんなある日、先生が僕に放った言葉は強烈なものだった。

「君がいまの自分のままでもかまわないというのなら、僕もしょせんそれまでの人間だったということだ。でも、僕はその程度の人間で終わりたくないと強く思う。だからこそ僕は、なにがなんでも君を本気にさせなきゃいけないんだ」

最後のダメ押しともいえるこの言葉は、僕を奮い立たせた。

（この先生を失望させたくない）

本気でそう思った。これだけ本気で親身になって教えてくれる人を裏切れない。僕自身だけじゃなく、先生のためにも、勉強しなければいけない。実力もなく、努力することもないまま、変なプライドだけは一人前に持っていたので失敗することが怖くてチャレンジを避けていたんじゃないか。そんななんの役にも立たないプライドや見栄を捨てて、それこそ捨て身でいけば道は拓ける。そんな気がした。ようやく僕の尻に火がついたのだ。

先生との付き合いはわずか一年に満たないものだったが、いまでもときどき手紙のやり取りをする仲だ。高専から大学に編入して一流のエンジニアになるのが夢だと語っていた先生は、その言葉通り大学に編入して、一流のエンジニアになるという夢を叶えた。自らの背中で僕に「有言実行」の意味を教えてくれた。

これが僕の人生で最初のメンターとの出会いだった。

・ラスベガスのカジノで大富豪と出会う

僕の人生においてその家庭教師に次ぐ最高のメンターとも呼べるその人物と出会ったのは、ラスベガスのとあるカジノでポーカーに興じているときのことだった。翌日からこの地で開催される自己啓発セミナーに参加するため日本から来ていたのだ。

ポーカーはテレビゲームで何度かプレーしたことはあったが、実際にカードを使ってのプレーはそのときが初めてだった。言ってみればずぶの素人である。

ワイシャツに黒いベストと蝶ネクタイ姿のディーラーによって配られた自分の手札を穴のあくほど見つめ、作戦を考える。

初めてのプレーにしては、フルハウスやスリーカードなども出たが、大きく勝つことも負けることもなく、最初に交換した10万円分のチップの山に動きはほとんどなかった。始めてから2時間ほど経過した頃だろうか、同じテーブルにいたひとりの老人の姿が目にとまった。正確に言えば、老人は僕がテーブルにつく前からすでにそこにいた。僕はその存在に気づいてはいたが、自分の手札に集中するのが精一杯で、周囲を眺める余裕がなかったのだ。

老人の前には、紫や青の高額チップがうず高く積み上げられていて、パッと見だけでも優に1000万円分はありそうだ。そのチップの量に比例して、老人が見せる手札の役も、ストレートフラッシュやフォーカードといった大技で、周りのプレーヤーとは明らかに格が違っていた。

確かに上品で風格もあるが、見た目は普通の人とそう変わらない。いったい彼は他のプレーヤーと何が違うのだろう。

脳裏にそんな疑問がよぎったとき、その老人がふと僕に視線を投げかけてきた。

その目はギャンブラー特有の獲物を狙うような目つきとはかけ離れた穏やかな光をたたえていたが、底知れぬエネルギーのようなものを感じさせた。

「普通にやってちゃだめだよ」

老人は僕に声をかけて片目をつむると言った。

「そのやりかただと大きな負けもないかわりに、大きな勝ちもない。大きく勝つには大きなチャレンジをしないと」

突然のことに目をぱちくりする僕に、老人は続けた。

「君のプレーをしばらく見させてもらっていたんだが、最高の手がフルハウスだろ。もちろん悪い手じゃない。しかし、私が推測するに、君はペアが配られたら、そのまま手元に置いているだろう。ペアを崩さない限り、ストレートフラッシュは狙えないよ」

「たしかにそうですね」

僕はうなずいて言った。

「ただ、なかなか一度揃ったペアを崩すのは難しくて」

「実に一般的な答えだね」

と老人が笑って言った。

「君のその気持ちもわかるよ。もしよかったら、このあと一緒にカフェでも行かないか？　金髪の美人じゃなくて申し訳ないが」

「喜んでお供します」

もちろんチャレンジということもあったが、時間潰しにやってきたカジノなのだ。ポーカーの達人から直接話を聞けるチャンスを逃す手はない。僕は即答した。

このときの老人との出会いが僕の人生にとっての大きな分岐点となることをそのときの僕は知る由もなかった。

・コロナサバイバル時代へ突入（成長しないと生き残れない時代）

チップを換金するのに少し時間がかかるので、先に行っているように言われた僕は、老人が指定したカフェに入り、ひとりだけのコーヒータイムを楽しんでいた。

ホテルの一角にあるそのカフェは、普段の様子は知りようもないが、やはり新型コロナの影響なのか空席が目立っていた。外国からの入国制限が少しずつではあるがようやく解除されつつある頃だった。

中国・武漢から世界中に広がっていった新型コロナウイルスによって、「ビフォーコロナ、アフターコロナ」という言葉が生まれ、世界の様相は一変した。

日本では、それまで居酒屋などで当たり前の光景として見られた大人数での宴会なども、アフターコロナでは密閉・密集・密接、いわゆる「3密」を避けるのが当たり前となり、自粛が求められるようになった。

外出時にはマスク着用が必須で、行く先々で検温とアルコール消毒を求められることが当たり前となり、誰もそれを不思議なことと思わなくなってきている。少し前には考えられなかった話だ。

ビフォーコロナの時代では、国内線の延長で世界中どこにでも行けた。しかし、もはやそれも当たり前ではなくなっている。

僕がわざわざ飛行機でラスベガスのセミナーに参加することに対しても、周りの目は厳しく、批難めいた言葉も投げかけられた。

——どうしてこの時期にわざわざ行くのか？

――延期したほうがいい。

――よりによってなぜ一番感染リスクが高いアメリカなのか？

それでも僕は渡米することを選んだ。この緊急事態のいまだからこそ、新たに自分を成長させる必要性を感じていたからだ。僕が経営する歯科医院のスタッフたちの動揺や不安に対して、経営者としてどっしりと落ち着いた態度で臨める人間としての器を得たい。

新型コロナウイルスの登場で、世界はコロナサバイバル時代に突入した。ボーッと手をこまねいていたら生き残れない戦国時代だ。この機を利用して織田信長や豊臣秀吉が活躍したような下剋上《げこくじょう》が当たり前に起こってくるはず。僕はそう考えたのだ。

アフターコロナで生き残りが厳しくなる業種の頭文字をとった「ＢＥＡＣＨ（ビーチ）」という言葉がある。

店やチケットなどの予約サイトの【Booking】、テーマパークや映画館などの【Entertainment】、航空業界の【Airline】、カジノやクルーズ船の【Casino・Cruise】、ホテル・旅館業界の【Hotel】がすでに大きな打撃を受けていることは知られている。「BEACH」のCに入っているラスベガスのカジノも例外ではない。事実、僕がその目で見たラスベガスのカジノは、以前に映画などで見たことのある、大勢の客たちで溢れ返る活気に満ちたあのカジノとは明らかに違っていた。

これまで安泰だと思われていた業界が、目に見えないコロナウイルスの登場により、一気にピンチを迎え瀕死の状態に陥っている。業界によってはどんなに努力を重ねていっても、状況を変えられないケースはいくらでもある。

僕のいる医療業界の歯科医院も例外ではない。ただでさえコンビニの数よりも多くて、競争が厳しいといわれる業界である。そこにコロナウイルスが加わったのだ。もちろん、コロナ対策には細心の注意を払って対応しているが、この先どういう展開が待ち受けているかわからない……。

・安心領域とは何か？

目の前を行き交うマスク姿のウエイトレスを眺めながら、そんなことを考えているうちに、さっきの老人がゆったりとした足取りで店に入って来た。

「ハーイ」と互いに挨拶して、握手の代わりに拳と拳を合わせる、いわゆる「グータッチ」を交わすと、老人が切り出した。

「私はレヴィン。私の職業は……話しているうちにわかるだろう……会えて嬉しいよ」

「僕の名前はヒロです。歯科医をやっています。日本から来ました」

「ヒロと呼ばせてもらっていいかな？」

「もちろんです」

「ありがとう」

レヴィンと名乗った老人が、ウエイトレスに飲み物をオーダーし終えるのと同時に、僕は話を切り出した。

「なぜ、ポーカーであんなに勝ち続けることができるんですか？」

レヴィン氏が愉快そうに笑った。

「いきなり、核心をついてくるんだな」

「僕は、ショートケーキを食べるときは最初にイチゴから食べるタイプなんですよ」

「それはいいことだ。では、聞くけれども、君自身はなぜ大勝ちもせず、大負けもしなかったと思う？」

「そうですね」

少し考えてから僕は答えた。

「普通の人と同じようなカードの引き方をしたからでしょうか」

「そうかもしれない。確かにヒロはポーカーの定石通りにプレーしていたね。それは別の言葉で表現すると、君が『安心領域』の外に出ていないからなんじゃないかな」

耳慣れない言葉を僕はそのまま繰り返した。

「安心領域……ですか？」

「そう。人は自分が心地よいと思う領域の外にはなかなか出たがらない」

ポーカーのテクニックから、話は思わぬ方向へ広がっていった。

脳は安心領域が心地よい

運ばれてきたコーヒーを旨そうに一口すすると、レヴィン氏は続けた。

「普通の人は自ら安心領域から出ることはない。脳にとっては安心領域にいることが心地よいと感じるからだ。これは、太古の昔からある動物の本能と言ってもいい。例えば、サバンナのシマウマは天敵のライオンがいない安心領域を求めている。そうしないとライオンに食べられてしまうからだ。こうやって生き残ってきた動物が私たちの祖先だ。だから、安心領域に常に身を置こうとするのはある意味当然のことでもある」

「なるほど。動物に備わった本能なんですね」

「そう。ただ、安心領域にはある意味ではやっかいな面もある。ずっと安心領域から出ようとしないシマウマの群れは、やがてあたり一面の草を食い尽くしてしまう。そうなると、やがて食べる草がなくなり、シマウマは群れごと餓死してしまうだろう。これはわかりやすくするために極端な例にしているが、実は安心領域に居続けることが逆に危険だってことは伝わるだろう」

「ええ、確かにわかりやすいですね。でも、シマウマは餓死する前に安心領域の外に出ようとはしないのですか？」

「そう思うだろう」レヴィン氏は我が意を得たりというように僕のほうを指差すと言った。

「しかし、安心領域でずっと過ごしてきたシマウマの脳には、安心領域にいれば命の危険はなかった、という事実がインプットされている。事実、そうやって生き延びてこられたわけだから、シマウマにとってそれはある種の成功体験だ。この成功体験があることで、今後も未来永劫《えいごう》安全は確保されていると思い込んでいる。だから、いつまでも移動しようとせず、同じ場所に居続けるため、最悪の場合は――」

　言葉の続きを促すように僕のほうを見たレヴィン氏に僕が答えを紡《つむ》ぐ。

「食べるものがなくなって飢え死にする……。成功体験が裏目に出るというわけですね。本当に怖い話です」

「そうだね。たとえば経営者なんかでもありがちなことだが、過去の成功体験を捨てられる人は少ない。過去に成功したやり方に縛られて、そのまま同じことを延々と続けた挙げ句に失敗してしまう者が実に多い。こんどのコロナのこともそうさ。コロナ以前のやり方をコロナ以降になっても続けていたら、うまくいかないことは火を見るより明らかだと思わないかい？」

ついさっきまで同じようなことを考えていた僕はうんうんとうなずいた。

「まったくその通りだと思います。僕の周りを見回してみても、これまでのやり方に囚《とら》われている経営者は少なくありません」

「中国の昔話にこんな話があるのを知ってるかね。ある日、野良仕事をしていたひとりの農民が向こうから猛スピードで走ってきたウサギが木の切り株に頭をぶつけて死ぬのを見てこう考える。この木の切り株の前でウサギが引っかかるのを待っていれば楽してウサギが手に入るぞと。で、彼は次の日から自分の仕事をほったらかしにして、毎日、切り株を見張り続けるんだ。その後どうなったかは想像つくだろ」

「僕もそれに近い話は聞いたことがあります。要するに、たまたま運がよくて成功しただけなのに、それを自分の実力だと勘違いして、自分のやり方に固執してしまいがちだと」

「こんどのコロナのことにしたってそうさ。コロナウイルスがこれまであった安心領域を消し去ってしまったともいえる。安泰だと思われていた企業のサラリーマンも、会社が潰れてしまう恐れは十分にあるし、そもそもその業界自体が消滅してしまうこともある」

レヴィン氏はそう言うと、天井の方を指差した。

「カジノだって、その例外じゃない」

―――・コンフォートゾーンの外に出る

「コンフォートゾーンという言葉を知っているかな?」

お替りのコーヒーがカップに注がれるのを眺めながらレヴィン氏が僕に聞いた。な

んとなくならわかるけれど、正確にはわからないと答えた僕に、レヴィン氏は、

「この中であれば安心して暮らせるというテリトリーだ。物理的な空間の意味でもあるし、行動の意味でもある。基本的に人間はこの場所から離れようとしない。普段の生活範囲から大きく離れた場所には行きたがらないし、普段しないことをしようとはしない。そうしてテリトリーを形成して、無意識のうちに、なるべくその中にいられるような行動を選ぶ。つまり、新しいことをしようとしなくなる」

「さっきのシマウマも人間も同じですね」

「そう。どちらも変わらないね。コンフォートゾーンを離れるというのは、精神的にすごく不快なことだ。落ち着かないし、不安だし、イライラする。私もいくつか会社を経営しているが、これまでにない新しい事業を始めようというときは、やはり不安なものだ。ところが自分を強制的にコンフォートゾーンの外に置くことで、それまで想像もしていなかった自分の一面があることに気づく。何もできない無力感。世の中の何も知りはしないんだという無知さ。ダメな自分ととことん向き合わされることもある。そういうとき、どれだけ自分が甘いか、臆病者か、思い知らされるんだ」

僕は意外そうに眉を上げて言った。

「レヴィンさんでもそんなふうに思うことがあるんですね」

「もちろんだとも。それを乗り越えた経験を経ることで、自分のコンフォートゾーンが少し広がる。次第に、自分に自信が持てるようになる。チャレンジが怖くなくなる。何にでも立ち向かえるようになる。言い換えれば、自分の枠を外す、行動をブロックしている壁を壊すということだ」

「未知のことにチャレンジすることで、自分のコンフォートゾーンが広がるということですね」

「そう。サメがうじゃうじゃ泳いでいる海の中でも平気で泳いでいられる人間がいる。でも泳ぐのもおぼつかないサメ恐怖症の人間にしてみたら、同じ海の中にいても天国と地獄ほど違う世界に感じられるはずだ。人間は根源的にサメに恐怖を感じるようにできている。しかしサメに対する恐怖を克服した者しか、心から海を楽しめない。自分が安心できるコンフォートゾーンから出るチャレンジをすることしか、人間の成長はないんだ」

一撃必殺のノウハウはない

よく聞くんだ、というようにレヴィン氏は顔の前に人差し指を立てると言った。

「いいかい。これは一回チャレンジすればいいというものじゃない。ある程度の場数を踏まないとメンタルは鍛えられないし、せっかく得た感覚も薄れていく。そのためにはどうすればいいだろう。ヒロ、君はどう思う？」

「チャレンジせざるをえない環境を作るとか……？」

「素晴らしい。その通りだ。ひとつ例を挙げると……そうだな。私はいまタワーマンションの39階に住んでいるんだが、最近あるルールを作った。そのルールとは、必ず階段を使うというものだ」

「39階ですって⁉」

思わず僕は声をあげた。30（サーティ）と13（サーティーン）はしばしば聞き間違えることがあるが、「39 t h」は聞き間違えようがない。

レヴィン氏はニヤリと笑って大きくうなずいた。

「とてもシンプルではあるが、実行するのはなかなか骨が折れるよ。疲れていようと、気温が多少高かろうと、急いでいようといつも階段を使うんだ。その代わり、最近すこぶる身体の調子が良くなってきたがね」

「なかなかハードそうですね。でも、僕は真似したくても、残念ながら僕の家はそんなに高いところにありません」

肩をすくめて笑う僕にレヴィン氏もつられて笑う。

「確かに、かなりハードだ。ただ、『1000マイルの旅も1インチから』というコトワザがあるが、本当にその通りだと思う。わかるかい？　その意味」

「ええ」

僕がうなずく。日本にも「千里の道も一歩から」という同じ意味の諺《ことわざ》があるのだというと、レヴィン氏は「覚えておこう」といって話を続けた。

「一度の行動で確かな結果が出ればそれに越したことはない。だが、なかなかそうはいかないのが現実だ。結局、大切なのは日々の習慣化なんだ。ほとんどの人は楽をして結果を出そうとする。ところが、そんな一撃必殺の技なんてない。自分で決めたルールや習慣を毎日コツコツ積み上げていくことで、気がついたら想像もできなかった高みまで登っていた、ということになる」

「一撃必殺か……僕もたまにそう思うことがあります。ついつい一撃で敵を倒せる必殺技が欲しくなりますね」

「私だってそうさ。何事においても楽をしようとするのが人間だからね。自動車や洗濯機、掃除機、電話、ほとんどありとあらゆる文明の利器というものは全部人間の『楽をしたい』という気持ちが作り出したものだからね。チャレンジによって身につくのは、汎用的なオールマイティなノウハウではなく、自分なりのやり方だ。言ってみれば『自分だけの経験則』だ。そういうと、なんだか不安定なもののように聞こえるかもしれないがね。これが人生の本質だ。業種や年齢、立場も人によって異なるが、すべてに共通しているのは『コンフォートゾーンを出る』という経験をしなければ、残念ながら成功も成長も望めないってことなんだ」

「自分だけの経験則を学ぶためにチャレンジするんですね」

「そう。そのチャレンジによって、コンフォートゾーンのブロックがどう外れたのか。そのことによって、自分の世界がどう広がったのか。そこからまた新しい仮説が作られる。そうすると、また別の新たなチャレンジが目の前に現れたときに『こうすればブロックが外れるんじゃないか』とか『こうすれば乗り越えられるんじゃないか』と多角的に考えることができる。今度はそれを試すことによってひとつの結果が得られる。そして次は検証だ。『自分の仮説は正しかったのか?』『次はどんな仮説を立てるべきなのか?』と分析する。それを継続していくうちに次第に自分だけのノウハウを築き上げることができる。ひと言でいうと、結果を見ながらの仮説と検証の繰り返しってわけさ」

洋服にせよ、靴にせよ、既製品よりも自分の身体に合わせたオーダーメイドのほうがより快適に使える。セルフメイドならなおさらだ。ノウハウはそれと同じだということがストンと腑《ふ》に落ちた気がした。

「試行錯誤、トライアンドエラーですね」

僕の言葉にレヴィン氏がこくりとうなずいた。

「答えは求めるものではなく、自分で作り上げていくものだ。そのことを理解すれば、自分が成長しない限り、目の前の現実は何も変わらないということに気づく。それがすなわち人生だ。チャレンジは、多かれ少なかれ、誰もが経験している。望むと望まざるとにかかわらず、人生の中でコンフォートゾーンを外れなければいけないときはたくさんある。大学受験、仕事での新しいプロジェクト。できるかできないかわからないけれど、やってみたら乗り越えることができた。そうして成長していくという実感は、誰もが持っていると思う。でも、それだけでは不十分だ。周囲から抜きん出ることはできないし、自分を高みへと連れていくことはできない。チャレンジは回数を重ねるほど成長するし、やり方もわかってくる。人生の重要な場面で現れる大きなチャレンジ。それを乗り越えるためのリハーサルをするわけだ」

チャレンジも続けないと結果が出ないことは経験的にもわかるような気がすると答えた僕の肩をテーブル越しにトンと叩くと、レヴィン氏が苦笑いを浮かべて言った。

「そんな大げさなことでもないんだ。例えば赤ん坊さ。赤ん坊っていうのは生まれたときは寝返りすらできないのに、知らないうちにハイハイして、知らない間に立って、知らない間に歩き始める。誰も教えていないのに、だ。そのうちに庭を走り回り木に登ったりし始める。好奇心がそうさせるんだ。思い切り転んで痛くてワンワン泣き叫んでいたかと思うと、もう次の瞬間には走り回っている。でもね、自転車に乗り始める頃になってだんだん知恵がついてくると、大人から『危ないからやめろ』って注意されたりするようになって、『これは自分にはできないんじゃないか』とか、『やっちゃいけないんじゃないか』って考えるようになるんだよ。そうやって徐々に自分に制限をかけることを覚えていく。それってすごくもったいないことだと思わないか」

「もし、僕たちが好奇心に満ち満ちていた2、3歳の頃の恐れ知らずのマインドを持ち続けていることができたら……ってことですよね」

「その通り！」

レヴィン氏は手を打ってまたなにか話し出そうとしたが、ふと思い出したように苦笑いを浮かべて言った。

「おしゃべりに熱が入りすぎたようだね。私の話に耳を傾ける君の真剣な表情を見ていたらついつい力が入ってしまった。初対面の人に申し訳なかったね」

僕はとんでもないというように、手のひらをレヴィン氏のほうに向けて言った。

「とんでもない、ほんとに勉強になりました。今日のことだけでも、はるばるラスベガスまで来た甲斐がありました」

普通の基準を上げる

「ひとつ個人的な質問をしてもかまわないかな」

レヴィン氏が僕のほうに身を乗り出して言った。

「ヒロ、君はどんな目的でラスベガスに来たんだい？」

僕は明日から友人のタカシが主催する12日間のセミナーに参加するために来たのだと説明してこう付け加えた。

「コロナのことも気がかりでしたが、それ以上にいまはひとりの経営者として成長する必要性を感じたんです」

「この時期に渡米とは、まさに安心領域の外に出ているね」

レヴィン氏はおかしそうに笑うと、ふと真顔に戻った。

「でも、確かに君の言う通りだよ。コロナのパンデミックでますます世の中の動きが読めなくなってしまった。その中でビジネスで結果を出し続けるのは、経営者の器が大きく問われるし、経営者の成長もこれまで以上に必要になってくるだろう。君は自分自身で大きな決断をした。本当に素晴らしいことだと思う」

レヴィン氏の言葉は僕の心に染み、勇気を与えた。

「ありがとうございます。日本では周りにいろいろ言われてきましたが、直感でいましかないと思って参加しました」

「われわれユダヤの格言にこういうものがある。『積極性がある者がすべての旨味を手にする。余ったものを消極的な者が手にする』。積極的な人間と消極的な人間、どちらが生き抜くことができるか？　答えは明白だ。積極性とは、つまりチャレンジのことだ。怯《ひる》んでしまうような大きなチャレンジでなくても、小さなチャレンジは生活の中にたくさんある。それらを避けて、『面倒だ』『得にならない』と、消極的に生きていく人はたくさんいる。いろいろ理由はつけているけれど、結局はチャレンジを恐れているだけなのだが、本人はそのことに気づかない」

「残念ながら、それが現実なんでしょうね」

「ああ、実際、消極的な人が大多数だ。多数とはつまり『普通』の人々だということに他ならない。それでよしとするなら、いままで通りに生きていけば満足するということになる」

レヴィン氏の目が心なしか険しくなった。

「私は『普通』は基準としてはミドルではなく、最低レベルだと思う。みんな『普通はこうする』『普通はそんなことしない』というだろう。なんで『最高はこうする』『一流はこうする』と言わないのだろうか？　収入や立場が低い人たちに価値がないと言っているわけじゃない。みんななにかしらの部分で得意なことがあるはずだ。磨き上げていきたい才能を持っているはずなんだ。でも『どうせ自分は成功しないから』と言って逃げてしまう。『これが普通だ』とか『普通でいい』と自分に言い訳して、納得させようとしているんだ」

日本には特にそういうタイプの人間が多い。僕は思わず声に出して「うんうん」と相槌を打っていた。

「さまざまな面で、自分の『普通』の基準を上げていかなければ成長はない。そのためには、日々大小問わずチャレンジを自分に課す必要がある。自分の力だけで難しい場合は、強制的にチャレンジしなければいけない環境に自分を置くのでもいいだろう。そういう環境で暮らしていれば、チャレンジが当たり前になる。知らないことをやって、乗り越えて、成長する。それが普通になるんだ」

まったくその通りだ。僕は思わず、レヴィン氏の手を握りたくなった。同じ「普通」という言葉を使っていても、Aにとっての「普通」とBにとっての「普通」はまったく違うのだ。僕は、自分の考えを確認するようにレヴィン氏に真剣な眼差《まなざ》しを向けて言った。

「僕も普通の基準を上げる必要性は感じています。日本には歯科医が10万人いて、その中で開業しているのが7万人。そのうち技術研鑽したいと考えている人は1割。そこからさらに自分の技術を向上させるためのセミナーや講習会に参加しているのがその半分なんです。チャレンジを続ける。もっと知りたい、もっと良くなりたい、もっと患者さんのためになる医療を提供したい、もっと技術を高めて、それを自分の普通にすること。それが、いまの僕にとっての目標基準です」

「素晴らしい」レヴィン氏はゆっくり拍手をして満面の笑みを浮かべて言った。

「私もそんな歯医者さんに治療してもらいたいと思うよ」

・「真の成功者」とは？

2杯目のコーヒーがそろそろ空になろうとしていた頃だった。

「ヒロとはここまでいろいろと話してきたけど、最後にずばり聞こう。真の成功者とニセの成功者の違いは何だと思う？」

視線をしばらく宙にさまよわせてから僕は答えた。

「言っていることとやっていることが一致していることですか？」

「その通りだ。もうひとつ真の成功者とそうでない者の違いを挙げるとすると、真の成功者は常に安心領域の外に出て、チャレンジをしている。自分を高め続けている。一方、ニセの成功者は、一度は社会的に成功したとしても、安心領域に留まるんだ。そうやってコンフォートゾーンから抜け出す努力をしなくなると、その後の成長が止まってしまう。これは本当に恐ろしい罠だね。そうなってしまうと彼は過去の栄光にすがる他ない。そして、陰で笑っている人がいることも知らず、若い人たちに自分の自慢話を吹聴《ふいちょう》して回り、うつろな晩年を過ごすことになる」

レヴィン氏の話を聞いているうちに、僕の脳裏にも何人かの顔が浮かんだ。

「僕の周りにも何人かそういう人がいます。僕はもう慣れっこですが、食事に行くたびになんども同じ自慢話を聞かされてうんざりしているという声が、若い人たちの間から聞こえてきますよ」

「そうなんだ。たとえ過去に大きな成功があったとしても、いま現在もさらなる成功に向かってチャレンジし続けないと、心が満足しないんだ。真の成功者というのは、自分を成長させ続ける終わりのない旅に出ている人なんだよ」

確かにそうだ。思えば、それから半年あまり後の２０２１年７月、アマゾンの創業者ジェフ・ベゾスが自ら創った宇宙開発企業のロケットに乗り込んで宇宙への初飛行に成功した。一生かかっても使い切れないほどの資産を手に入れても、ベゾスはいわゆる悠々自適なリタイアライフを楽しんだりはしない。ひょっとしたらもう地球に戻って来れないことになるかもしれない、命がけの冒険へ駆り立てるものはいったいなんなのだろうか。それこそが、レヴィン氏のいう地上というコンフォートゾーンからの離脱に他ならないのではないか。常に前進し続けている成功者なら、過去の成功を人に自慢している時間などないはずだ。

「僕も真の成功者になりたいです」

僕は反射的にレヴィン氏のほうに身を乗り出していた。

「どうすれば真の成功者になれるでしょうか?」

「そうあわてなさんな」レヴィン氏が意味ありげな笑みを浮かべた。「そのうち教えてあげるから」

「あ、でも、僕は明日から……」

「わかってる。セミナーがあるんだろ。心配しなくても大丈夫」

「え？　どういうことですか」

「私がそのセミナーの講師だからさ」

ラスベガスにある多くのホテルでは、なにかしらの業界や団体のコンベンションや集会、会議などの催し物が常に開かれている。セミナーもまたしかりで、レヴィン氏が、僕の参加するセミナーの講師であるとは限らない。

「ご冗談を……からかわないでくださいよ」そう言った僕に、レヴィン氏は「からかうなんてとんでもない」と首を振った。

「さっき、君はそのセミナーの主催者が『タカシ』だと言ったね。偶然なことに、私が講師を務めるセミナーの主催者もそのタカシ、なんだ。もし、同じ名前の日本人がもうひとりいて、そのふたりのタカシが明日から同じラスベガスのホテルでセミナーをやるなんて考えられないだろ」

僕は思わず両手を上げて「オーマイゴッド！」と小さく叫んでいた。

「最初に君の口からタカシの名前が出たとき、自分の正体をバラそうかと思ったんだが、お互いフランクに話をするためには言わないほうがいいと思ってね、それで黙っていたんだ。どうか気を悪くしないでくれ」

「とんでもないです。それにしても世間は狭いですね」

「確かに」とレヴィン氏は大きくうなずいて言った。

「本当に君とは縁を感じるよ。それも同じポーカーのテーブルで出会うとはね。これまで何度もセミナーの講師をやってきたが、こんなことは初めてだ。明日からのセミナーも楽しみにしているよ」

「それは僕のセリフです。レヴィンさんとのご縁に感謝します」

カフェを出たところで「おやすみなさい」の挨拶を交わし、僕は宿泊先のホテルへ歩いて帰った。タクシーを使わなかったのは、つい何時間か前に起きた予期せぬ出会いの余韻を味わうためだった。あのポーカーテーブルで、その日最強のカードを引いたのは、実は自分だったのかもしれない……。

コンクリートの舗道を歩きながら、僕は知らずしらずのうちに口笛を吹いている自分に気づいた。

・将来の可能性を自分で閉ざすようなことはしない。
・役に立たない見栄やプライドを捨てることで道は拓ける。
・安心領域に居続けることは、逆に危険だ。
・行動をブロックしている壁を壊す。
・自分が成長しない限り、目の前の現実は変わらない。
・「普通」を基準とせず、
「最高はこうする」と考える。

第2章

君は、挑戦する勇気を持っているか？

行動しない知恵とは、
実がならない木である。

――【ユダヤの諺より】

・ラスベガスの砂漠でチャレンジ

「みなさん、おはようございます。ラスベガスへようこそ」

そのセミナーの主催者であるタカシの挨拶で、様々な国から集まってきた15名の参加者の視線が、いっせいに壇上のタカシに注がれた。

「みなさんにはこれから12日間たっぷりとレヴィンさんから人生や経営についての成功のエッセンスを学んでいただきます。ぜひ、楽しみながら一緒に成長していきましょう」

続いて今回の講師、レヴィン氏のプロフィールの紹介である。

「レヴィンさんは、ユダヤ系アメリカ人で、ラスベガスのカジノ事業のオーナーです。その他にもショッピングモールやビルなど各種の不動産などを所有し、様々な事業で成功を収められている方です。まぁ、ひと言でいえば、ユダヤ人の大富豪。今回のセミナーでは、このレヴィンさんから可能な限りたくさんの成功するためのエッセンスを学べるはずです。決して安くはない金額ですが、その10倍以上のリターンは得られると思います。それでは、レヴィンさんをご紹介します」

タカシの言葉に促されて、レヴィン氏が挨拶に立った。昨日、カジノで出会った老人がいまこうしてあらためて目の前に立っていることが、僕にはなんだか不思議に思えて仕方がなかった。

「みなさん初めまして。レヴィンと申します。今回はこのような機会を与えていただき、ありがとうございます。友人のタカシさんをはじめ参加者のみなさんに心より感謝いたします。これからの12日間で、私がこれまでに人生やビジネスで経験して学んできたことを惜しみなくシェアしたいと思っています――なんて堅苦しいスピーチはこのぐらいにして、さっさと本題に入ろう」

なるほど効率を第一に考えるユダヤ人らしい、などと感心していた僕だったが、そのわずか3時間後には思わぬ展開が僕を待ち受けていたのである。

そして話の舞台は、「序章」に書いた砂漠に戻る。

つまり僕はこのセミナー第一日目にして、いきなり砂漠までジープで連れてこられ、そのまま置き去りにされたのだ。これがレヴィン氏がいうところの「チャレンジ」である。「ビバリーヒルズトレーニング」、通称「ビバトレ」と呼ばれるプログラムの一環で、もともとはビバリーヒルズで行われていたのでその名前がついたらしい。それが、今回はラスベガス近郊の砂漠のど真ん中での開催となったわけだ。

このトレーニングのルールは、先にも述べたとおり、日付が変わる深夜0時までに、100ドルを手に入れて、指定された場所まで届けること。

このトレーニングの目的は、もう察しがつくと思うが「自分の安心領域から出ること」である。普段の生活から離れた非日常の環境にあえて強制的に身を置くことで、安心領域の外に出る。真の成功者は安心領域の外に出続けているとと昨日レヴィンさんも言っていたが、それにしても異国の地でいきなりこんな洗礼を受けるとは……。

今回のセミナーの参加費はちょっとした高級車一台分と先に述べたが、正確にいうと12日間で860万円。一日あたり約72万円。この金額を安いと思う人はまずいないだろう。だが、僕はそれを決して高いとは思わなかった。

ユダヤ人の成功者から直接教えを受けることができるなら、必ず元は取れると確信していたからだ。なぜなら、そもそも現在の金融システムの基礎を構築したのがユダヤ人であり、科学や文化芸術のみならず、ビジネスの世界においても目覚ましい活躍をしている人の多くがユダヤ人だからだ。

実をいうと僕は以前からユダヤの教えに興味を持っていた。逆境が人間を成長させるという考え方は世界共通だが、その中でも突出しているのが「ユダヤの教え」だと思っていたからだ。

なにしろ祖国を追われ、二千年にわたってさまざまな迫害を受けてきたユダヤの人々にとって生きていくということは文字通りサバイバルであった。幾度も存亡の危機を乗り越えてきた歴史を持つユダヤの人たち。当然、彼らの中には「どうすれば力強く生きられるか」「どうすれば自分を成長させることができるか」といった教えが、代々受け継がれている。

ユダヤでは、子どもの教育は二段階制になっており、学校が終わると、ユダヤの教育の時間になる。人生、生き方の教育と併せて、自分自身の力でお金を稼いで生きていく方法を叩きこまれる。そして13歳までには、権利収入の知識まで全部インプットされるという。日本とはかけ離れた教育を実践しているのだ。

そんな環境で育った彼らには、厳しい現実を生き抜くための実践的な知識や知恵が身につく。だから彼らは人間的にも経済的にも成功すると同時に、心の平安も手に入れることができ、幸せに満ちた人生を送ることができるのだろう。

そんな物心ともに豊かになるための真髄に触れ、同時にそれを自分でも体験してみたい。そんな思いに駆られて、歯科医と経営者、二つの仕事を休み12日間の研修を受けるため、このラスベガスまでやってきたのだ。

・砂漠のど真ん中で100ドルを作るには？

経営者が担うべき最も大きな役割が「0」から「1」を生み出すこと。それが僕の考えだ。いま持っている手段でお金を稼ぐことも大切だが、何もない状態からいかにして価値を生み出すかが重要なのだ。

そう考えれば、所持金ゼロの状態から身体と頭だけを使って100ドル稼ぐということはとても理にかなった訓練といえるだろう。

そもそも人類は0から1を生み出すことで社会を発展させてきた。いわゆる文明の利器と呼ばれるものなどはすべて0から生み出されたものである。

鳥が空を飛ぶ姿を見て、人は自分が鳥のように飛んでいる姿を夢想し、様々な工夫を重ねていくうちにライト兄弟がそれを現実のものにした。

太古の昔から夜の暗闇にまぎれた猛獣や外敵による襲来を恐れた人類は、自由に火を起こす方法を編み出し、それがエジソンの電球の発明につながっていったのだ。

「必要は発明の母」などというが、発明とまではいかないが、なにもないところから100ドルの金を作り出すにはそれなりの工夫やアイデアが必要だ。とはいうものの、砂漠でクルマから降ろされるまで、内心では100ドルくらいすぐに稼げるだろうとたかをくくっていたのも事実である。

ようやくたどり着いたラスベガスの街角で、目の前を通り過ぎていく人の波を眺めながら僕は考えた。

（さて、これからどうやって100ドルの金を作ろうか……）

ネイティブ並みの英語力があれば舌先三寸でなんとかなるかもしれないが、僕の英語は流暢《りゅうちょう》というレベルにはまだ程遠い。となると自分の生業《なりわい》である歯科医の腕を活かすのが早道だ。

そこで僕はFacebookとTwitterに、いま自分がラスベガスにいることと。ついては誰かこの近辺で歯についての悩みや質問などあれば直接会って相談に乗るのでメッセージをくださいといった内容のことを書いてアップしてみた。

最初からあまり期待はしていなかったが、やはり反応はなかった。僕がSNSでつながっている範囲の中にいる人間がラスベガスにいる可能性など、限りなくゼロに近い。もし現地の人が僕の投稿を見つけたとしても、そんな素性の知れない日本人に自分の口の中を見せるはずがない。

自分の最大の売りである「歯科医」という属性には見切りをつけたほうがいい。そう結論して、次に僕が考えたのは「カメラマン」である。アメリカでは観光客の写真を撮ることでチップを得ている現地の人間をしばしば見かける。ラスベガスはアメリカでも有数の観光地だ。客ならいくらでもいるだろう。

そこで僕は、ラスベガスで有名な写真スポットに足を運んだ。「Welcome to Fabulous LAS VEGAS NEVADA」と書かれた「ラスベガスサイン」と呼ばれる看板が掲げられている街の入口だ。

観光客とおぼしき人たちに僕は片っ端から「よかったら写真撮りましょうか?」と声をかけていく。

撮影まではスムーズに行くのだが、返ってくるのは「サンキュー」だけで、肝心のチップはもらえない。そこで今度はターゲットを日本人観光客に変えてみる。が、コロナの影響もあって日本人の姿はほとんど見当たらない。それでも見つけ出して「なにかお手伝いできることはありませんか? なんなら肩もみでもやりますよ」などと声をかけてみるものの、胡散《うさん》臭げな視線を投げかけてくるだけでまともに相手にされない。しょうがないので、実はカクカクシカジカと、自分がいまセミナーの研修で……などと説明するのだが「そうなんだ、大変だね。頑張って」のひと言で終わりだ。

そうこうするうちに時間はどんどん過ぎていく。100ドルくらい簡単に稼げるだろうと思っていたが、まったく勝手のわからない異国の地で、お金を得ることは並大抵のことではないということに気づき、僕は徐々に焦り始めていた。とはいえ、大金を払ってはるばる日本からやってきて、そう簡単に諦めるわけにはいかない。

（ここであわててもしょうがない。一度、気を落ち着けて考えてみよう）

僕はラスベガスサインの側にあった岩の上に腰を下ろし、空を見上げてひとつ大きく深呼吸をした。

・発想の転換がチャンスを生む ～4つのニーズ～

目の前を行き交う観光客たちの群れを眺める僕の頭に最初に浮かんだのは、その日の午前中に受けたレヴィン氏の講義だった。

「人間が動く理由はなんだと思う？」

その問いかけから講義は始まった。

人がなにか行動を起こすのはすべて、ニーズを満たすためである。そのニーズには大きく分けて4種類のニーズがある。
・経済的ニーズ（生きること）
・社会的ニーズ（愛すること）
・知的ニーズ（学ぶこと）
・精神的ニーズ（貢献すること）

ユダヤ系ロシア人の心理学者、アブラハム・マズローは、これらのニーズを欲求5段階説で説明している。一番下が生理的欲求、その上が安全欲求、さらに社会的欲求、承認欲求、自己実現欲求とピラミッドの形で説明した図は有名だ。

マズローの欲求5段階説

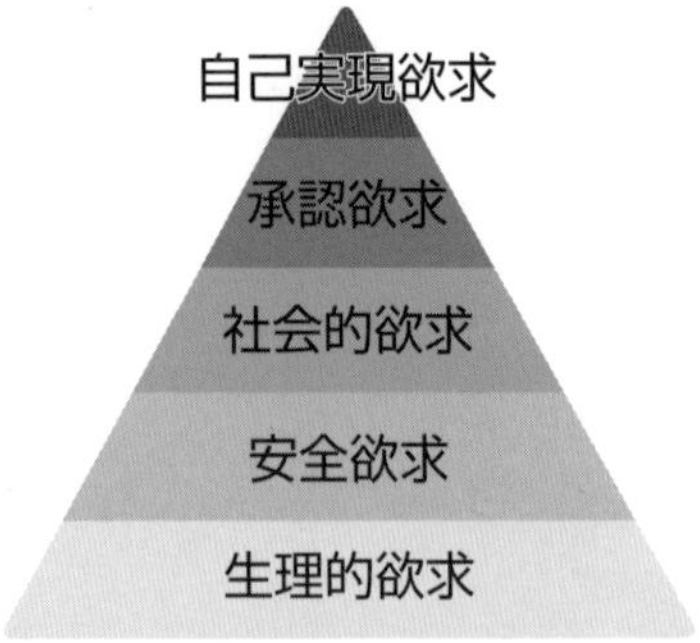

人は低次元のニーズを満たされてからでないと、より高次元のニーズを満たそうとはしない。

ひどく腹を減らしていたり、いまにも寒さで凍え死にしそうになっている人に、面白い本があるから読むようにと勧めても、決して本を手に取ることはない。ところがお腹がいっぱいではち切れそうな人は、その日の夕食のメニューよりテレビ番組のほうが気になるはずだ。つまり、すでに満たされたニーズは、人を動かす動機づけにはならないということなのである。

現代のように一人ひとりが高機能カメラ付きのスマートフォンを持ち歩いている時代に、写真撮影を買って出るという行為自体そもそもニーズがないことなのだ。だったら、他になにか別の日本人観光客のニーズを満たす方法があるはずだ。

そこで僕は、岩から腰を上げ、日本人が好みそうな有名ホテルに行ってみることにした。

予想は当たった。ホテルの前に日本人らしきグループがたむろしているのが目に入った。10人以上いるが、みな、軽装ではあるが趣味のよい服に身を包んだ、落ち着いた雰囲気のお年寄りばかりだ。いわゆる富裕層に属する人たちだと僕は確信した。

明日の食べ物や住む所を心配しなければならない人たちが、海外旅行を楽しんでいるはずがない。つまりは、低い次元のニーズはすでに十分満たされている人たちである。

　ということは、より高次元なニーズを満たしたいと考えているはず。面白い情報が提供できれば喜んでくれるのではと僕は考えた。

　まず、何気ないふうを装って僕はその集団の側まで近づいてゆき、情報収集をするために彼らの会話に耳をそばだてた。

　昨日のカジノの成果や、買い物の話などとりとめのない会話があちこちから聞こえてきたが、その中に、若干ではあるが僕の生まれ故郷である福島訛《なま》りの混じった話し声が耳に入った。

「失礼ですけど、もしかして福島の方ですか……」

　ごく控えめに柔らかな物腰で話しかけた僕に、その老人は若干警戒の色を見せながらも、そうだと答えた。

「すみません。懐かしくて思わず声をかけてしまいました。ふるさとの訛なつかし停車場の……じゃないですけど」

「ああ、あんた福島なの」

パッと表情を明るくした老人に僕は笑顔でうなずいて言った。

「福島のどちらですか」

聞けば、その老人も僕が生まれた町の近くの出身だということが判明した。

そこからはいわゆる「地元トーク」である。楽しそうに話し込むふたりの周りに「どうしたどうした？」といった感じで、他のメンバーたちもわらわらと集まってきた。やがてふたりの会話にひとり加わり、ふたり加わりするうちに、グループのリーダー格と思われる老人が僕に声をかけてきた。

「君、面白いね。ガイドさんかなにか？」

「いえいえ、僕も昨日こっちに来たばかりで」

ここでチャンスとばかりに自分を売り込んではならない。ミステリアスな部分を残しておいたほうが相手は興味を持つはずだ。

この地に来た目的は、ビジネスでもなく観光でもないのだと曖昧に答えた僕に、相手は食いついてきた。

「なにやってる人なの？」

「歯医者やってます」

「ああ、学会かなにかかね」

「いや、そういうのでもないんですけど」

「…………？」

それから1時間後、僕はそこから５００メートルほど離れたレストランで、ラスベガスに企業研修に来ていた総勢13名からなるグループのひとりとして食卓についていた。

メンバーのひとりが、お腹を壊したとかでキャンセルとなったので、その代役として一緒に食事はどうかと誘われたのだ。

幸い、というのは語弊があるがグループの誰も英語を話せなかったので、僕はその面でも完璧ではないとはいえ、料理や飲み物のオーダーの際には通訳として貢献できた。

酒も入り、そろそろ場が和んできた頃、僕は話を切り出した。

あるセミナーに参加していることまではすでに伝えていたが、実は自分がいま、そのトレーニングの一環としてゼロからお金を作るというチャレンジをしている。しかし、実際にやってみるととんでもなく難しい。そこで、自分になにかみなさんの役に立てそうなことがあればそのお手伝いをさせていただきたいのだが……。

そんな主旨の話にみんな食事の手を止めてその話に聞き入っていた。そこまでは少なくとも彼らの知的ニーズは満たせたようだ。

この調子で義捐金《ぎえんきん》を募れるのではないかと思ったけれど、ただお金を恵んでもらうというのでは、心の底からチャレンジ成功だと自分で自分を祝える気がしない。

そのときふとひとりのメンバーがこんな言葉を漏らした。

「せっかく歯医者さんがここにいるんだから、道具があれば、歯を診てもらえるんだろうになあ」

それで、僕の頭にひとつのあるアイデアが浮かんだ。

確かにいまは手元に道具はない。

しかし日本に帰れば必要なものはすべて揃っている。つまりいまはできないけれども、将来はできるということである。だったらその将来のサービスをいま売ればいいのだ。

例えば子供が親にプレゼント代わりに渡す肩たたき券やお手伝い券は、権利の前渡しだ。約束手形のようなものだ。

そこで僕はメモ用紙を取り出してそこに自分の連絡先とメールアドレスを書いて1枚10ドルのチケットを作った。

「日本に帰ったら、僕のクリニックに来てください。初回の診察を無料にさせてもらいます。歯の治療に限らず、なにか困ったことがあれば、僕の人脈を使って解決のお手伝いをします」

みんな面白がってくれて、10人を越す人が10ドルのチケットを買ってくれた。なかには20ドル、30ドルで買ってくれた人も。

「みなさんのおかげでチャレンジが成功しました！　日本に帰ったときにまたお会いできるのを楽しみにしています」

レストランを出たところで深々と頭を下げてそう礼を述べて別れてから、僕はさっそくタカシに電話をかけた。

チャレンジの成功を報告した僕の耳に届いたのはタカシの意外そうな声だった。すでに多くの参加者が成功しているものと思っていたのだが実際はそうではないらしい。後日聞いたところでは、ほとんどがそのチャレンジをクリアすることができなかったということだった。

すぐに主催者のホテルまで来るように言われ、そこまではかなりの距離があったが、まったく苦にならなかった。

なんの成果もなく日本に帰ることは避けることができた。

出だしは上々。

そんな僕に、タカシは言った。

「どんな形であれ、プロセスよりも結果が大切なんだ。どんな素晴らしいプロセスでも結果が出なければ意味がない。結果が出せなければ、成功とは言わない。もっと自分を褒めて、堂々としろ」と。

まだセミナーは始まったばかりだ。次のチャレンジに向けて気持ちを切り替えていこう。疲れてはいたが、気力は十分だった。

・グランドキャニオン瞑想

翌日、僕たちセミナー生に課せられたのは「グランドキャニオン瞑想」と呼ばれるプログラムだった。

グランドキャニオンはラスベガスから直線距離で約450キロ離れた、ネバダ州の隣、アリゾナ州北部にある世界的に有名な大峡谷である。4000万年前からコロラド高原を流れるコロラド川による浸食が始まり、現在のような峡谷になったのは約200万年前。現在も浸食は続いており、地球上にまだ菌類しか存在していなかった20億年前の地層に到達しているという話だ。

悠久の時の流れが創り上げたこの雄大な自然を前にすると、自分という存在がいかにちっぽけで取るに足らない存在なのかとあらためて実感させられる。時間軸で考えても、20億年の歴史から考えてみたら人間ひとりの一生なんて、ほんの一瞬にも満たない。その長い時間が創った大自然の中に身を置いて、静かに目を閉じ内なる声に耳を傾ける僕の脳裏に、さまざまな思いが浮かんでは消えていく。

この宇宙に地球が誕生し、そこに生命が誕生して、枝分かれしたそのひとつが人間へと進化した。その気の遠くなるような長い歴史から考えたら人間の一生などほんの一瞬にも満たないほど短い。人生の折り返し点に達した僕に残された時間の貴重さが身にしみてわかり、これからは一瞬たりとも無駄にせず、「いまこのときを大事にしよう」という気持ちが自然と湧いてくる。

思えば自分がいまここにこうして在るのは両親の存在があったからこそであり、その両親にもそれぞれ父と母がいて、その父と母にもそれぞれ両親がいる。そうやって自分という存在には無数の人たちが連綿と自分の生命と関わり、つながっていることに気づく。そのうちの誰かひとりでも欠けていたら、現在の自分は影も形もなかったのだ。

それは僕が生まれる以前の話だけではなく、僕がいまこうして瞑想していられるのだって、実にたくさんの人たちの存在があったからだ。

閉じた瞼《まぶた》の裏側に、いろんな人の顔が浮かんでは消えていく。家族、友人、恩師……もちろん、その中には中学3年のときに出会った初めてのメンターである家庭教師の先生の顔もあった。今回のように12日間もの休暇を取れたのも、自身が経営する歯科医院のスタッフ一人ひとりの頑張りのお陰だ……。そうやって思考の波に漂っているうちに、ふと僕の心のなかにふつふつとえも言われぬ温かな感情が泉のように湧き出てくるのを感じた。それはひと言でいうと「感謝」だった。

最初に、この瞑想は「自分の幸せについて考える」というテーマが与えられたのだが、それは自分自身の幸せ、言葉を替えればエゴの幸せではなかったのだ。

誰かに感謝できることこそ、幸せなのではないか。つまり、幸せは自分ひとりの力だけでは決して得られないものであることに僕は気づいたのだ。

それは同時にいかに自分がこれまで恵まれていたのか、ということを再確認する作業でもあった。

自分も誰かの役に立つこと、その人のためになることをするということ。ひいては人を幸せにすること。それが自分の幸せにつながるのだ。

例えば昨日のチャレンジ。その日初めて会ったばかりの人間の、本当に実現するかどうかもわからない言葉を信じて、10ドルというお金を僕に払ってくれた人たちがいた。その信頼に応えることが、巡り巡って自分の幸せにつながるのだ。

自分の幸せとは、決してエゴの結果ではない。むしろエゴを捨ててこそ得られるもの。それをグランドキャニオンの大自然が教えてくれた。その気づきに導いてくれたタカシとレヴィン氏に感謝しながら、僕は心穏やかにその日のチャレンジを終えたのだった。

・100人ハグチャレンジ

セミナー開講から第3番目のチャレンジは、ラスベガスの街角で100人の人たちとハグをするというものだった。ただしこれには2時間という時間制限があって、およそ1分でひとりこなしていかないと間に合わない計算だ。

贔屓《ひいき》の野球チームが優勝したとか、新年のカウントダウンパーティのときでもなければ、一般的にハグという行為はある程度親しくなった人や家族、友人など気心の知れた人とするもので、コロナのこの時期に頼まれたからといって見知らぬ外国人とのハグに応じてくれる人などそうそういるとは思えなかった。

しかしそれも単なる自分の先入観とか思い込みかもしれないし、フタを開けてみるまではわからない。当たって砕けろの精神でとにかく勇気を振り絞って街頭に立ってみた。

最初は道行く人たちにそのままストレートに「すみません。私とハグをしてくれませんか」と声をかけてみるが、大半の人が「ごめん、急いでるんで」とか「ノーサンキュー」「けっこうです」などと言葉にして断るのはまだいいほうで、無視するか変なものを見るような一瞥《いちべつ》を投げかけるだけで僕を避けていく。かと思うと、人の性格は十人十色というように、中にはやけにフレンドリーな人もいて、進んでハグをしにきてくれる人もいたが、そのペースではとてもではないが2時間で100人は不可能だと僕は判断した。

そこで作戦変更である。フレンドリーな人や頼まれたら断るのが苦手な人を狙うという相手のキャラクター頼りの方法を捨てて、物理的に断る間を与えない方法はないものかと考えた。

そこで僕が編み出したのが、先日の「100ドルチャレンジ」の応用である。まずは道行く人に「すみません。写真を撮っていただけませんか」と声をかけ、オッケーならスマホを渡して自分の写真を撮ってもらう。撮り終えたらスマホを返してもらいつつ「サンキュー」とすかさず両手を広げてハグをすると、相手も戸惑いながら応じる。そんなことを重ねていくうちにひとつ気づいたことがあった。それは回を重ねるごとに成功率が高くなるということだ。

その理由のひとつが、僕の態度や表情からためらいの色が消えていったことにあったのではないだろうか。ハグしかけるときにこちらが緊張していたり、仕方なくやっている感じが伝わってしまったら、当然、相手の警戒心も高まるはずだ。そうではなく、心から仲良くなりたい、幸せを分かち合いたいという気持ちが態度として表に出ていれば、相手にもそれが伝わる。要はいかに心を開いた状態で人に接することが大事なのかということだ。

一度、女性とハグをしようとしたら、ふいに横から彼女のボーイフレンドらしき大男に突き飛ばされ、その拍子に転んで膝を擦りむいたりもしたが、それもまたあとで笑い話になるだろうと気にせず（とはいえ、場所は変えたが）順調にハグの回数を増やしていった。

そんなふうに立て続けにハグをしていくうちに、この人はとにかく誰かれかまわずハグをするチャレンジしている人なのだなと周囲の人が認識しだす。すると、じゃあ自分もひとつ協力してあげようという人が出てくるようになる。そこまでいくとチャレンジもどんどん捗《はかど》るようになるのである。

そうやって無我夢中でやっているうちに、結局なんとか終了時間ギリギリに１００人目を達成することができた。

今回のチャレンジでわかったことは、ハグに限らず他人になにかをお願いするときは自分自身が心を開いて、自然体で接することが大事だということだ。そしてハグに応じてくれた人には、多少オーバーアクション気味でもいいので素直に感謝の気持ちを表すことが重要だということにも気づいた。

なぜなら、感謝されて気分を害する人はいないからだ。むしろ自分も感謝されたい。そう思ってハグを受けてくれる人も相当数いたのではないか。僕はこの日のチャレンジで、グランドキャニオン瞑想に引き続き、感謝することの大切さをあらためて学んだのだった。

・アラブの大富豪になりきる

約2週間に及ぶセミナーの中で行われたチャレンジの中でも、特に僕の印象に残ったのが、超高級腕時計の値切り交渉だった。

僕が最初に向かったのは、とある五つ星ホテルに併設されたショッピングモール内の高級腕時計専門店だった。ピカピカに磨き上げられたショーケースの中にズラリと並んでいるのはどれもこれも、触ったことはおろか見たことすらないような、安くても100万円単位のプライスカードがついた高級時計で、1000万円を越すものも珍しくない。

今回のような機会がなければ、一生足を踏み入れなかった世界かもしれない。そう思ったら、身体が硬直してしまった。とにかく場違い感が半端ではないのだ。

ここで、百戦錬磨と思われる店員と値段交渉をしなければならないのだが、向こうもプロなのでさっと僕を一瞥しただけでまったく僕に興味を示さない。なにしろ、そのときの僕の格好ときたら、着古したポロシャツにチノパン、足元はナイキのスニーカーという、いかにもエコノミークラスのツアーで来ましたというなりで、腕にしているのは1万円程度のデジタル時計。

ボロボロの軽自動車でフェラーリのディーラーに乗り付けたようなものだ。そんな絵に描いたような冷やかしの客に、店員の態度がつれないのも無理はない。

相当厳しいチャレンジになるだろうとは思ったが、とにかくやってみないことにはチャレンジにならない。

おそるおそる「エクスキューズミー」などと声をかけてみるが、聞こえないふりをしているのか、目が合っても一瞬作り笑顔を返されるだけで、まったく相手にされない。しょうがないので、店を変えてチャレンジするが同じことの繰り返しでまったく進展しそうになかった。自分が透明人間になったような気がして、自分に存在価値がないようにすら思えた。

いやいや、そうじゃない。そもそも、高級時計店が値引きを受けるということ自体、基本的にはありえないのではないか。きっとそうだ。僕はいつのまにか自分に都合のいいように解釈し始めていたのだ。

もうにっちもさっちもいかなくなり、僕はタカシとレヴィン氏に連絡を取り、それまでの状況を包み隠さず報告した。

難問に対する解答というのは意外とシンプルなことが多い。ふたりから返ってきたのは「アラブの大富豪になりきれ」というアドバイスだった。なかでもそのときタカシが話してくれたエピソードは印象的だった。

タカシがレヴィン氏と知り合ったばかりの頃の話だ。あるとき、タカシはレヴィン氏のクルマに乗せられてアメリカのとある街に連れていかれた。そこはそのあたりでも有数のスラム街で、いたるところにドラッグの売人やギャングのような怪しげな人物がたむろしている、いわゆる無法地帯だった。いったいこんなところになんの用事があるのかと思っていると、いきなりレヴィン氏はタカシにクルマから降りるよう促すと、絶句しているタカシに向かってこう言い放った。

「この通りの突き当りにクルマを停めて待っているから、そこまでひとりで来るんだ」

タカシはまるで飢えたサメがウヨウヨ泳ぎ回っている海の中に放り出された小魚になった気分だった。

クルマから降りて最初にタカシがしたことは、自分を周囲に合わせることだった。身ぎれいな格好をしたまま歩くのは目立ちすぎてあまりにも危険だと思ったからだ。すぐにジャケットを脱ぎ捨て、シャツ一枚になると地面のホコリや泥をそれになすりつけてわざと汚し、髪の毛もボサボサにした。そうすることで、まるで自分がそこの住人であるかのように装い、わざとジャンキーのような足取りでなんとかタカシはレヴィン氏の乗るクルマまでたどり着き、ミッションを達成することができた。要するに、それと同じことをすればよいのだとタカシは言った。

服装や身につけるものなど見た目を整えて、アラブかどこかの大富豪だと店の人に思い込ませること。肝心なのは、その見た目の人物になりきって、それにふさわしい自分を演じろということだ。アラブの大富豪といわれてもイメージとしては、頭にターバンのような布を巻いている王様のようなイメージぐらいしかなかったが、とにかく何事もチャレンジだ。

そのとき大いに僕の助けとなったのが、レヴィン氏が貸してくれたパテック・フィリップの時計であった。世界三大高級時計メーカーの中でも抜群のブランド力があり、世界一の時計メーカーといっても過言ではない。レヴィン氏が貸してくれたその時計の価格はなんと3000万円以上。初めて耳にした名前で、言うまでもなく着けるのも初めてだった。飛行機の計器盤を思わせる、いくつもメーターがついたその時計をおそるおそる腕に巻いてみると、見た目以上にずっしりと重く感じられた。おそらく値段を聞いてしまったからだろう。

パテック・フィリップという最強のアイテムをゲットしたものの、服装がいまのままではアンバランスだ。僕はパーティに備えて日本から持ってきたタキシードとオペラパンプスで武装して、再び、チャレンジを再開した。身長180センチを超え若いときの体型をキープしている店の窓に映った自分を見て、なかなか決まっているなと思うほどだった。日本人にしてはタキシードが似合う。「思い込み」が大事で、「なりきること」が大事なのだ。

面白いことにさっきほどの緊張感はない。身の置き所のなさとか、場違いな感じは消えていた。それどころか、本当に自分がアラブの大富豪になったような気がしてくるから不思議だ。

だが、それもレヴィン氏によればユダヤの交渉術の戦略のひとつだという。例えば、僕がいま使った「ブランド」という言葉だが、一般に日本ではこの言葉は単なる「商標」以外にも「金看板」とか「老舗」とか「名声」といったイメージで語られるが、ユダヤの交渉術におけるブランドはそれだけではない。要するに、自分が相手の目にどう映るか、相手に自分をどう思わせるかを考え、それに合わせて振る舞うということ。ブランディングの原則は「自分が見せたい姿を相手に見せる」であり、それがブランド戦略だというのである。だから、大金持ちに見せたければそう見えるように振る舞う。だが、もし、心のどこかに自分に対する不審や自信のなさがあればそれは相手にも伝わる。だからこそ心から自分が大金持ちであると信じ込めるように、周到に準備することが大事だということだ。

タカシが、スラム街でそこの住人になりきったというのもひとつのブランド戦略だったと言えるだろう。

時計屋が客の着けている時計を気にするのは当たり前といえば当たり前なのだろうが、さっきと同じ店に入ってさり気なく袖口から自分の腕時計が見えるようにショーケースの上に手を置いたとたん、店員が磁石で吸い寄せられたようにやってきて僕に声をかけてきた。

「素晴らしい時計を着けていらっしゃいますね」

いわゆる「ハロー効果」というやつだ。人がある人物を評価するとき、相手になにかものすごく目立つ特徴があったりすると、それに引きずられてその人の評価を実際以上に高く、もしくは低く評価してしまう心理現象のことだ。

例えば、婚活パーティで出会って「ありえない」と思っていたチビ、デブ、ハゲの冴えないオッサンが実は大金持ちの起業家だとわかったとたん、急に魅力的なオジサマに見えてしまう、などいうのもその一例だ。

話を元に戻そう。ヘタに知ったかぶりをすると知識がないことがバレてしまうので、そこまで時計に興味はないけれどもお金が余ってしかたがないので時計でも買うしかない……そんなふうを装いながらそれぞれの特徴や値段などを質問しているうちに、わかったのは、僕がいま着けているクラスの超のつく高級品は通常店には置いておらず、普通は1000万円クラスのものをいくつも買ってくれたお得意様だけに特別に用意して勧める商品なのだということだった。

限られた人しか買うことのできない幻の商品……そういう特別感が大好きな金持ちの自尊心をくすぐる戦略をとっているらしいことがわかった。

相手の話に適当に相槌を打っているうちに、向こうの方からわざわざ商品を持ってきて見せてくれる。しかもすべて1000万円以上の高額商品だ。考えてみれば300万円の時計をしている人間に1000万円単位の「安い」時計を勧めるわけがないのだが、さっきとは天と地ほど違う対応に、内心僕は感心しながら言うだけタダだと思い大胆なディスカウントを要求してみた。その強気な値段提示に向こうも僕がただ者ではないと思ったのだろう。結局5000万円の時計を4000万円まで下げてきた。1000万円も値切ることができたといえば、レヴィン氏も満足するだろうと思い大いに迷ったふりをしながら「ホテルに戻ってちょっと考える」と言って店を出た。どんなに交渉しても、ここまで値切れることはほとんどないそうだ。どうしても僕に買ってほしいと相手が本気になったということだろう。

今回のチャレンジで学んだのは、とてもシンプルなことだが、人間やはり見た目が大切だということだった。『人は見た目が9割』などという本もあったが、決して大げさではなく、まさに服装や時計を変えるだけのことで、マインドが変わり、態度も変わったことで相手からの信用が一気に高まるのを実際に体験したのだ。人は中身が大事であることは言うまでもないが、相手に自分の中身を知ってもらう以前に拒絶されたり軽視されてしまうのはあまりにももったいない。

僕が学んだことはそれだけではない。交渉術以前に、まずは交渉できる土俵に上がることが大切であること。今回は、レヴィン氏に貸してもらったパテックの時計があったから交渉の場に立つことができた。もし、あの時計がなかったとして他にどういった方法が考えられただろうか。そこをシミュレートして事前になにをするべきかよく考える必要があるだろう。

そしてなによりもよくわかったことは、演技力の大事さである。せっかくアラブの大富豪の恰好をしていても、話をしているうちにボロが出てしまうかもしれない。いや、おそらくあのまま、あと30分もいたら会話の端々からメッキが剥がれてハッタリがバレていたに違いない。ポーカーと一緒で、ブラフ（ハッタリ）はバレてしまったら意味がないのだ。

人生における重要なシーンでは、ドラマの役者のような迫真の演技力も効果を発揮すること。それには自分で自分を信じることと、途中で引き下がらない強い意志を持って臨むことが大切であることを今回のチャレンジで経験した。

その夜、疲れ切ってベッドの上に大の字になって寝転ぶ僕の顔には満足そうな笑みが浮かんでいたことだろう。普段の生活では絶対に味わえない経験をしたことで、またひとつ脳に新しい回路ができたような気がする。またどこかで大富豪になりきってみよう。そう思ってから、いやいやと否定した。大富豪のふりをするのではなく、本当になってしまえばいいのだと……。

・何もない状態からいかにして価値を生み出すか。
・「0」から「1」を生み出す覚悟を持て。
・人が行動を起こすのは、すべてニーズのため。
・感謝は誰もが受け入れる。
・自分の思い込みは、相手の意識も変化させる。
・交渉するには、まずその土俵に上がる必要がある。
・交渉は態度が大切。「なりきる」オーラを出す。

第3章

君は、自分の才能に気づいているか？

2つの耳と
1つの口があるのは、
話すことよりも
聴くことが重要だからだ。

――【ユダヤの諺】

・4つの元型(戦士、恋人、魔法使い、王様)

セミナールームのホワイトボードを背にしたレヴィン氏が手のひらをこすり合わせながら意味ありげな笑みを浮かべて参加者たちの顔を見回した。

「みなさん、ビバリーヒルズトレーニングはどうでしたか? かなりお疲れの人もいるかもしれないね。これからは再び座学に戻ろう。今日これからするのは4つの元型の話だ」

簡潔にそれだけ言うと、レヴィン氏の講義が始まった。

人類の歴史や文学、神話などを学んでいくと、人間には4つのエネルギー、ニーズ、能力があるということがわかってくる。この4つは「元型」と呼ばれるもので、時代や文化を超えた人類普遍の原理であり、実はユダヤ人もかねてより密かに活用している——。

初めて耳にする言葉に強い興味を持った僕は手元のノートに「4つの元型」と書い

てその下に2本の線を引いた。

この元型をわかりやすく簡単に表現すると、

・戦士
・恋人
・魔法使い
・王様

の4つがあり、これは人間の心理の4つの側面という言い方をすることもできる。

「戦士」とは、生命力を表している。世の中をサバイバルする力だ。これは、言い換えれば行動力ということでもあり、境界線やルールを守る力になる。もし、自分の行動力がなくなってきたら、この戦士のエネルギーが弱っているということだ。

「恋人」は、戦士とは反対のエネルギーで、境界線を飛び越えて外の世界との関係を築いていく。この恋人の特徴は、「遊び心」があることだ。「遊び」とはルール通りの

人間のエネルギーには４つの元型がある

戦士	戦士の本質は、生命力・行動・規律であり、 これは生きるニーズである。（経済的ニーズ）
恋人	恋人の本質は、遊び心があり、人との関係を作り、 愛し、愛されるニーズである。（社会的ニーズ）
魔法使い	魔法使いの本質は、考える力であり、 変化を生じさせる力になり、成長し、変化するニーズである。 （知的ニーズ）
王様	王様の本質は、主権のエネルギーであり、 正当なビジョンを確立する力であり、人を認識する力であり、 ビジョンを示し、貢献するニーズである。（精神的ニーズ）

動きをしない。規格外の動きと言ってもいいだろう。これは人生を楽しむエネルギーであり、喜んで新しいことにチャレンジする力になる。

「魔法使い」は、錬金術師である。考える力、客観的な分析力、物事の仕組みを理解する力、変化を作る力の象徴だ。錬金術とは鉛などの卑金属を金に変える技術であり、ビジネスに置き換えると、付加価値をつけて他社よりも素晴らしい商品を提供することでお金を生み出すということだ。

そして「王様」は、主権のエネルギーであり、正しいビジョンを示し、人の可能性を見通して認識する能力である。人は王様を見たくない。王様のように見られたい生き物だ。もし、燃えるようなビジョンもなく、マンネリ化した毎日を過ごしているなら、自分の中の王様が眠ってしまっているのかもしれない――。

世界には熱や光、電気といった種類の異なるエネルギーがあるように、人間にもそれぞれ異なる性質の4つのエネルギーがあるという話は面白かった。

「ここまでで、なにか質問はないかな」

レヴィン氏の言葉に最初に反応したのは僕だった。

「いま先生が話してくれた4つのエネルギーは、そのまま人間のタイプにも当てはまるということですか?」

「そうだね。戦士タイプの人、恋人タイプの人、魔法使いタイプの人、王様タイプの人……というように分けることもできる。それぞれのキャラクターは、みなさんの身近にも思い当たる人がいると思う」


レヴィン氏はそこからさらに、こんな説明を加えた。

ひとりの人間の中にも、戦士のエネルギーと魔法使いのエネルギーのように、複数のエネルギーが組み合わさっている場合があること。それには、4つの元型をそれぞれ才能と捉えるとわかりやすいかもしれない。また、この元型は人間のニーズにも置き換えることができる。戦士は「生きること」、恋人は「愛すること」、魔法使いは「学ぶこと」、王様は「貢献すること」というニーズの象徴を表す。

このように、世の中には4つのタイプのエネルギーがあり、それはいま説明したように、人のキャラクターの場合もあるし、ニーズでもあるし、さらに俯瞰《ふかん》して大きく考えると、国の特徴を表すことでもある。この考え方はいろんな分野に応用できるので、4つの元型を覚えておくべきだろう、と念を押してさらに講義を続けた。

4つの元型のバランスが大切

この4つの元型で特に重要なことはそれぞれのバランスを取るということだ。戦士、恋人、魔法使い、王様という元型は、誰の中にも存在しているエネルギーだ。

そしてこの4つの元型は、それぞれ左脳と右脳に対応して、8つの元型にすることもある。左脳を男性、右脳を女性に置き換えると、自分の中に8人の男女が存在することになる。これをエドウィン・コパードという人は、「男女8人の内なる王国　インフィニティ・キングダム」と表現している。自分の内側に8人の異なるキャラクターが存在し、ひとつの王国を作っているのだと主張するのだ。

例えば、あるひとつの問題に直面したとしよう。そのとき、自分の中に存在する8人の元型で会議をするのだ。そうすると、ひとつの元型だけでは出ることのなかった予想もしなかった素晴らしい解決策が出ることもある。ゆえに4つの元型をバランスよく強化しておくと、自分ひとりで問題解決にあたる際いろんな側面から考察・議論できるので、意思決定のレベルが高くなるということらしい。

自分の中に4つの元型を持つという斬新な発想を僕はとても気に入った。この思考法で自分の中にある未知の才能を見つけることができるかもしれないと思ったのだ。

一気にたくさんの知識が入り、脳がオーバーヒート気味になったところでレヴィン氏から30分間の休憩が伝えられた。

このまま席でいまの授業の復習するのもありかと思ったが、ここはやはりリフレッシュしたほうがいいだろう。気分転換をするため、僕は建物の外に出ることにした。

自分の才能に気づかなかった学生時代

頬を撫でる乾いた風が、少し汗ばんだ身体に心地よい。

ラスベガスの街の間から遥か遠方に覗《のぞ》く砂漠を眺めながら、僕はふと過ぎ去った遠い昔、まだ小学生だった頃のことを思い出していた。

あの頃から自分には特に秀でたところもなく、何事においてもやる気がなかった。

そのくせ、学校ではしばしばルールを破って問題を起こすいわゆる「問題児」だった。

さっきの4つの元型でいうなら戦士のエネルギーが弱く、恋人のエネルギーが強かったということになるのだろう。

普段はおとなしくしている分、悪いことをすると余計に目立ってしまい、それが周囲の同級生の反感を招き、だんだんといじめの標的にされるようになっていった。

やがて、そのいじめは同級生だけではなく、教師もことあるごとに僕を攻撃するようになった。宿題をせず、授業中は心ここにあらずでノートも取らない。当然、家に帰っても勉強しない。要するに人の言うことを聞かない、可愛げのない子どもだと思ったのだろう。

廊下に立たされるなどは当たり前で、いまでこそ問題になるが、殴る蹴るといった体罰も珍しくはなかった。普段はいないものとして扱うくせに、僕のちょっとした落ち度や失敗には容赦《ようしゃ》がなかった。目ざとく見つけて、みんなの前でとがめ廊下に立たせる。いわば見せしめの対象のような存在だった。

教師は普段から僕をまともに相手にしなかった。しかし、僕のちょっとした行動には目を光らせていた。授業中によそ見をする、忘れ物をする。目ざとくそれを見つけて僕を叱る。しかし、そこで僕が感じていたのは、ある種の諦めのようなもので、特に強い不満も怒りも感じなかった。どうせ自分なんかその程度の人間なのだという、自己評価の低さが通底していたのだ。小学生ながらに、冷めた目で自分をそんなふうに客観的に分析していたということは、いまにして思えば僕には魔法使いのエネルギーがあったのだろう。

僕を目の敵《かたき》にしていた教師はどうだったのだろうか。おそらく彼は、クラスをまとめるために僕を標的にすることで、共通の敵を作り、他の生徒たちの気持ちをひとつにまとめるという戦略を無意識のうちにとっていたのかもしれない。

みんなの気持ちをひとつにするために、共通の敵を作るという戦略だったのだろうか？

そう考えてみると、その教師は4つの元型でいう王様のエネルギーが弱かったのだということがわかる。正しいビジョンを示し、僕の可能性を認識していなかったのかもしれない。あるいは、可能性を見抜いていたから潰そうとでも考えたのだろうか？いずれにしても、小中学校の先生方はみな王様としてのリーダーシップに欠けていると感じるし、残念ながら教育者としては失格だったと思う。

自分に合った職業の見つけ方

当然のことながら、ラスベガスの街を行き交う人たちは、観光客だけではない。さまざまなユニフォームに身を包んだ人、スーツにネクタイのビジネスマン、実に多種多様な働く人たちが僕の目の前を足早に通り過ぎていく。そんな人の流れを眺めている僕の脳裏にふと、もしここで自分が働いていたとしたら、どんな職業を選んでいただろうかという問いが生じた。カジノのディーラー、高級ブランド店のマネージャー、ホテルマン、ツアーガイド……いろいろ考えてみるが、どれもいまひとつピンとこない。みんなそれぞれの思いがあって、その職についたのだろうが、ふと自分を振り返ってみたとき、いまの歯科医という職業はどうだったのだろうという思いにとらわれていた。

（自分に合った職業、仕事ってなんだろう……）

しばらく考えを巡らせた末にたどり着いたのは、その仕事に必要な才能が備わっているということもひとつの条件としてあるかもしれないが、それ以上に、その仕事に対して心が熱くなれることではないかという結論だった。

仕事をしている間も闘志が炎のように燃え上がる。やりがいも感じ、それにつれて仕事の技術も高まる。顧客から感謝されることで励まされ、挑戦に弾みがつく。そんな仕事を、いま自分はしているだろうか――。そんな自分自身への問いかけに「もちろん」と即答できるほど自分が仕事に燃えているようには感じられなかった。

仕事だけじゃない。もしかしたら、いまの生活の中にあまり熱くなれることがないのかもしれない。もちろん、それがいわゆる「青臭い」考え方だという思いもある。社会に出れば毎日が楽しいことばかりというわけにはいかないことは重々承知している。ワクワクと心が踊るような出来事も少なくなっていくだろう。毎日が同じことの繰り返しの生活の中では、感情の動きも鈍くなっていくのはしかたがないことなのかもしれない。

それでも、学生時代や新入社員時代など新しい世界に飛び込んだばかりの頃のことを思い返してみれば、どんな人にも熱くなる瞬間というのがあったはずだ。スポーツ、恋愛、音楽、旅、芸術……その対象は人それぞれだろうが、理由など深く考えなくてもとにかく胸が熱くなる。ただただ自分の内側から湧き出る感情に突き動かされて、がむしゃらに行動する。

自分も含めてみんなその頃の気持ちを思い出して、自分自身に正直になればいいと思う。「熱くなる」ということ自体が大事なのだ。実際に行動できなくても、かつて自分が感じていた「熱さ」を思い出してみればいい。

物理的にはもう決して「あの頃」に戻ることはできない。毎日こなさなければならない義務やルーティンワークもあるだろう。それでも「熱くなる」というあの感覚を忘れてはならない。そうしないと、いざ熱くならなければいけないとき、熱くなるべきときに、熱くなれない体質になってしまう。

辛いことを乗り越えるためには、無理矢理にでもアドレナリンを噴出させてチャレンジしなければいけないときがある。冷静なだけではダメだ。表に出したくない部分でもガンガン出していく。そうすることでどうにかこうにか、壁をよじ登りその向こう側へたどり着くことができるのだ。

心が変わらない限り、行動は変わらない。行動が変わらなければ、当然人生も変わらない。人が変わるときはその人の心が動いたときだ。どんなことでもかまわない。胸を熱くさせるものがあったら、それに素直になるべきだ——。

自分がいまこうして、日本から何千キロも離れた場所に立っているのも、それを感じたからではないか。

医者を志した理由

中学3年のときに出会った家庭教師のおかげで、僕は初めて人生に正面から向かい合うことに対して本気になるということを覚えた。そしてそれまで目をそらし続けていた将来のことも真剣に考えるようになった。

当然、その先に待っていたのは「いったい自分は何者になるべきなのか。何を目指すべきなのか？」という悩みであり疑問であった。

一週間ほどあれこれ考えた末、答えが出た。

医者だ。医者になろう。そう決めた。地元の名門高校に入り、そこから大学の医学部に進学する。それが当面の僕の人生の目標になった。

その当時の僕にとって、医者は医者であり、それが外科なのか内科なのか、あるいは消化器科なのか循環器科なのか、そんなことはまったく考える余地もなく、医者と歯医者の違いすらよくわかっていなかった。単なる白衣に対する漠然としたあこがれや好奇心が僕に医者を選ばせたのだ。

単純極まりない動機だが、プロ野球の選手にせよ、サッカー選手にせよ、レーサーにせよ、あるいはいま流行《はや》りのYouTuber（ユーチューバー）にせよ、子供が将来の夢として挙げる理由は「カッコいいから」とか「好きだから」とか、その程度のことだろう。

ただ、当時からひとつだけ意識していたのは人の役に立ちたいということだった。僕はそれまで空気のような存在で、他人から必要とされずに育ってきた。だから、とにかく周りから必要とされる人間になりたかった。その点で、直接人の命を救う医者はこれ以上ない理想の職業だと考えたのである。

それだけではない。子供ながらにそれなりの打算もあった。正直な話、医者には「金持ち」というイメージを持っていた。このときは具体的に思い浮かばなかったが、稼げる職業であるということは、大人たちが欲しがっているものをたくさん手に入れることができる。つまりは物欲も虚栄心も満たせるのではないかと考えたのだ。

もちろん現実として医者がどれくらいの金を稼げるのかはわからなかった。自分の両親と比べてどうなのか、有名企業の社長とどれだけ差があるのかはわからない。ただ、やりがいがあって、人の役に立てて、人に必要とされ、その上、金持ちにもなれる。それで医者になることに決めたのだ。

両親の存在も大きかったと思う。両親ともに薬剤師で、なんとなくではあるが医療というものが常に身近にあった。当時は抗生物質がバカ売れしていた時代で、製薬会社はそれで潤っていた。その売上げを支えているのは医者だ。

僕の父親はトップセールスのMRだったけれども、それはある意味、どれだけ医者に頭を下げてきたかということでもある。当時、医者の言うことは絶対で、何を言われようとも常にへこへこと頭を下げることしかできない自分自身を、父はどこかで恥じており軽蔑していたように思えた。医者に憧れたのは、そうした父を見ていたことが影響していたのかもしれない……。

物思いからふと我に返った僕は思わずあたりを見回した。さっきよりずいぶんと太陽が傾いて、人や建物の影が長くなっていた。腕に巻いた例の安物の時計が次の講義の開始が迫っていることを告げていた。

・何事に対しても熱くなる感覚を忘れてはならない。
・心が変わらない限り、行動は変わらない。
・行動が変わらなければ、人生は変わらない。
・人間には、異なる4つのエネルギーがある。
（戦士・恋人・魔法使い・王様）
・新しい世界に飛び込んだときのことを思い出し、
自分に正直になる。

第4章

君は、自分を成長させる努力をしているか？

一度に海をつくろうとするな。
まずは小川からつくるのだ。

──【ユダヤの諺より】

・才能を磨くために必要な3つのこと

「さて、次に私がみなさんにお話しするのは……」

時間を大切にするレヴィン氏らしく、講義はほとんど前置きなしにすぐに再開された。

「どうすれば自分の才能を磨けるか、についてだ。これは大きく分けると3つある」

そう言うとレヴィン氏は、ホワイトボードに向かってペンを走らせた。

1. 現在地を知ること
2. 環境を変えること
3. 目的地を知って必要な自己投資をすること

この3つのポイントについて、レヴィン氏が語ったことを要約すると、こんな感じになる。

1つ目の「自分の現在地を知ること」。

これは、自分が過去に何をしてきたかを振り返り、紙の上に書き起こしてみる。つまり自分自身の年表を作る作業だ。

たとえば旅に出て、足の赴くままに歩いているうちに、ふと気づくと自分がいったいどこにいるのかわからなくなるときがある。地図を見ても周りに目印になるようなものは見当たらない。そういうときは、そこまで自分が歩いてきた道のりの記憶をたどり、途中で見かけた地図に載っていそうな建物や建造物から現在地を割り出せばよい。人生も同様で、自分の現在を正確に知るには、過去を振り返る必要があるということなのだ。

いつどこで生まれ、いつ小学校に入学し、どんな部活に入り、どんな勉強が好きでどんな教科が苦手で、どんなイベントがあり、どんな出来事が起きたのかといったことをできるだけこと細かく書き上げていく。

次に、自分がこれまで何に対してどれくらいの金と時間を費やしてきたかをひたすら書き出していく。これら一連の作業はある種、自分自身の棚卸作業ともいえるだろう。それをするように言われときは、一瞬、面倒だなと思ったが、それが非常に重要なプロセスであったことを僕はその後すぐに理解できた。

まるで根無し草のように、なんの目標もなくただ毎日を送れていればかまわない、という人を除けば、どんな人にも目標やゴールというものがある。その目標やゴールにたどり着くためにも現在地を把握しておくことは重要だ。

例えばある人からいきなりメールで「これからタイのバンコクまで行きたいのだけれど、どう行けばいいでしょうか」と相談されたらどうだろう。答えるより先にまず聞かなければならないことがある。それは相手がいまいる場所の情報である。極端な話、相手が東京にいるのか、仙台にいるのか、はたまたニューヨークにいるのかによって、答えはまったく異なるはずだ。それと同じで、自分の現在地がわからない限り、ゴールへの道のりを知ることはできず、到達することは不可能なのだ。

現在地を知るということは、いま自分のパフォーマンスを客観的に把握するということでもある。そこでいまの自分に備わっていると思われる才能や能力、技能を紙にリストアップしてみる。それが終わったら、将来やりたい仕事に必要な能力やスキルを書き出してみる。そうすると現在の自分と将来の理想の自分の間にあるギャップがわかる。そのギャップがわかれば、そのギャップを埋めるためにはどのような行動が必要かを逆算することができる。

どんな能力やスキルをどのくらい磨けばよいのかが明確になれば、それを実現するための行動に落とし込めるということだ。

目標達成のための2つ目の要件は、自分の周りの環境を変えることだ。具体的には、自分を取り囲んでいる人、住んでいる場所、時間の使い方を変えるということだ。朱に交われば赤くなる、などというが、人は付き合う人によって大きな影響を受ける。たとえば、ある人の年収は、その人が日頃つき合っている10人の平均年収に等しいと言われている。

要するに貧乏人は貧乏人同士で、金持ちは金持ち同士でつるみがちであるという話で、これは裏を返せば普段付き合う人がどのくらい重要かを示している。

当然、それは金の話だけでは収まらない。例えば、同僚や上司がネガティブな言葉ばかりを使っている職場にいると、最初のうちは聞き流せていたとしても、そうやってネガティブな言葉のシャワーを何カ月も浴びているうちに、気がついたら自分も同じような言葉遣いになっていたということになる。繰り返しになるが、それぐらい周りにいる人間は重要だ。

逆に、周りにいる人たちが、4つの元型の王様タイプの人たちばかりだったらどうだろうか？　常にどうすれば周囲の人に貢献できるかを考えている人たちに囲まれる生活だ。どう考えてもネガティブにはならないだろう。日頃から気持ちの良い挨拶や感謝の言葉をかけられ、たまには食事などごちそうしてもらっていたら、自然と自分だって他の人にそうしてあげたくなるはずだ。だからこそ、人はみな自分が身を置く環境は慎重に選ばなければならないのだ。

目標達成のための3つ目のポイントは、自己投資だ。

徹底した棚卸作業でまず自分の現在地を知る。そして、目的地（使命）を明確にする。その目的地に行くためには自分磨きが必要になる。そのためにはどんな経験を積めばよいか、どんな職場を選び、どんな旅をして、どんな勉強をすればよいか、その勉強は独学でするか、スクールに通うか、あるいはこのようなセミナーに参加するのか、戦略を立ててそれに必要な資金を投資するのだ。

時間と労力、お金などの先役投資を恐れてはいけない。

・斧を研がないきこりの話

自分を磨くこと、自己投資の大切さを表す例としてレヴィン氏はひとつこんなエピソードを紹介した。『7つの習慣』という世界的ベストセラーの中でも紹介されているいわゆる「きこりとノコギリ」の話である。

ある男が、森の中でノコギリを使って木を倒そうと必死になっているひとりのきこりと出会う。

男が何をしているのかと聞くと「見ればわかるだろ。この木を倒そうとしているんだ」と不機嫌な答えが返ってきた。

ずいぶん疲れているように見えるが、どのくらいやっているのかと聞くと、もう5

時間もそうやってノコギリを引いていて、ヘトヘトだという。

だったら少し休憩して、そのあとノコギリの刃を研《と》いだらどうか。そのほうが仕事が早く片付くのではないかとアドバイスするが、きこりは冗談じゃないというように「木を切るだけで精一杯で、刃なんか研いでいる暇なんかない」と強く言い返してくる。

男はそれ以上、何もいうことはなかった。きこりに別れの挨拶をしてその場から去っていった。

「この話は、自分の才能や能力を磨くことの重要性を伝えている。私たちはこのようなきこりと同じ状態になっていないか、考える必要があるね」

そう言ってレヴィン氏はきこりの話を締めくくった。

・自分を成長させない人の末路

アメリカで最も有名な大統領のひとりであるリンカーンが、「木を切るのに8時間与えられたら、私は斧《おの》を研ぐことに6時間を費やす」と言ったという話を聞いたことがあったが、そのきこりの話に通じるものがある。しかも、本当の斧ならいくら研いでもいずれは刃が欠けたり、切れ味が衰えていくが、人間のスキルや技術という名の「刃」は使えば使うほど鋭く、しかも強くなっていくのではないか……などと考えていると、まるでその心の中を読んでいたかのように、レヴィン氏が僕に声をかけた。

「ヒロ、君の周りに、このきこりと同じような人はいないかな？」

「そういえば……」

それは友人から聞いた話ですが、と前置きをして僕は自分の知るエピソードを発表した。

僕の友人が勤める企業で働くひとりの男の話である。定年退職を目前に控えた彼は、入社以来、新入社員当時とまったく変わらない内容の仕事を延々と40年以上続けていた。途中、上司から新しい仕事を与えられても、自分の能力では無理だと頑なに拒み続け同じ仕事に執着し続けたという。つまり、レヴィン氏の言葉を借りれば、自分の限界を超えずに、自分の「安心領域」に留まったまま仕事を続けてきたのである。

彼の勤め先は日本の大企業だったので、会社に体力もあり、法律的に解雇が難しかったこともあったため、彼は会社に留まり続けることができたようである。

やがて、彼の定年退職の日が近づいてきたが、職場の誰ひとりとして彼のために送別会を開こうとか、退職祝いを贈ろうといった提案をした者はいなかった。性格的には決して悪い人ではなかったようだが、自ら成長することを止めてしまった人間に対してねぎらう気持ちが湧かなかったのも無理はないだろう。

「ある意味、その人はとても運の良い人だったと思いますが、同時に恐ろしい話だと思いました」

そう言って話を締めくくった僕に、レヴィン氏は拍手して言った。

「ヒロ、素晴らしいシェアをありがとう。それは教訓に満ちていると同時に恐ろしい話だね。ある意味『13日の金曜日』のジェイソンより怖いエピソードだ。日本の会社のある一面を表しているという気がする。アメリカだったらとっくに解雇されていただろう。自分の成長を止めてしまった人には、今回のエピソードのように残念な結果がやってくることが多い。人間は成長する生き物だ。生物として、現在生き残っているのも、自らを成長させ続けていたからだ。そう考えると、成長しない先には、最終的にはレッドカードが出されて、ひどい場合は地球上から退場することになるだろう。そのくらい成長することは重要だが、一般的な人は、自分のコンフォートゾーンに留まり、成長することを避けようとする。実に残念なことだ。私は地球規模での損失だと思っている」

確かに一人ひとりが、自分だけのちっぽけな安泰や幸福のみを求めるのではなく、その目を周囲の人たちにも向けて彼らの成長に手を差し伸べるようになれば、世界はもっと良くなるだろうと思った。

少なくとも僕は自分の成長のために、安心領域から一歩外に踏み出して今回のセミナーに参加した。このまま成長を止めることなく、前に進み続け、より多くの人に貢献できるような人になりたい。僕は心の底からそう思った。

・自分の成長に1000万円払えるか？

僕は今回のセミナーに参加する以前から、主催者のタカシを通じて日本の富裕層や経営者に向けて特別に組織されたある塾に参加していた。参加費は「驚きの」という形容詞がぴったりの、年間1000万円。最初にその値段を聞いたときはいくらなんでも高すぎると思った。だが、逆にそこまで強気の値段設定をするからには、それなりの対価が得られるのではないか。得られるとすればそれはいったいどんなものなのかという興味がムラムラと湧いてきたのも事実だった。

答えは単純明快だった。それは「億万長者になるための方法がわかる」であった。確かに本当に億万長者になれるのであれば、1000万円の投資など安いものかもしれない。新規のビジネスを始める際に初期投資が1000万といわれてもそれほど驚く人はいないだろう。投資は不確実だからとその1000万円で高級車を買ったとしても、価値を生み出すどころか、買った瞬間から値下がりが始まり、5年も経てば半額以下の価値しかなくなる。

知らない人が聞いたらボッタクリだというかもしれない。歌舞伎町で客引きに連れて行かれたバーで水割り1杯1万円はボッタクリかもしれないが、銀座の高級クラブだったらどうか。物の値段はすべて相対的である。それが高いか安いかはすべて結果にかかっている。

　とはいえフタを空けてみたら残念なことになっていたというのでは許されない。そこは慎重に判断したいと考え、講義の内容から参加者の顔ぶれ、どんな成果が上がっているのかなど事細かに質問して確かめ、自分の中で引っかかっていた部分をひとつずつ消していった上で最終的に納得して決断した。

　前述したように僕の生業は歯科医だが、その属する歯科医の世界なんて社会全体から見たらほんの一部分にすぎない。だから僕はより広い世界を知りたいと常に考えてきた。井の中の蛙《かわず》になりたくなかったのだ。歯科医師の仕事に満足していないのかといえば決してそうではない。歯科医として最高の技術や知見を極めたいという気持ちは誰にも引けをとらないという自負もある。だが、そんな気持ちと同時にまだ見ぬ未知の世界へ足を踏み入れてみたいという欲求、未知の世界への渇望も同じくらいあったのだ。

　塾への参加を決心したとはいえ、僕には越えなければならない障壁がいくつかあった。自分のわがままで歯科医院のスタッフに余計な負担や迷惑をかけるわけにはいかない。運営が円滑に進むよう、なんらかの体制づくりをしなければならない。金銭面も決して潤沢というわけではなく、いざというときのためにと生活を切り詰めて蓄えていた金をそれに充てることにした。1000万円を振り込む瞬間には、その金を貯めるまでの苦労が脳裏をよぎりさすがに手が震えた。

僕は、自分の成長のためにいくら払えるのか、ということも重要だと考えている。それは言葉を替えれば、自分の可能性をどれだけ信じているかということにつながるからだ。レヴィン氏が話してくれた例のきこりのノコギリのエピソードでいうなら、現状のままでとりあえずノコギリは使えればいいと、そのまま金をかけず手入れもしないまま使い続けるのか。あるいは、将来のために思い切って金と時間を使ってノコギリを研ぐことに集中するかということだ。

一度きりの人生、自分を信じて自分に投資して、やりたいこと、やるべきことは全部やる。その決意表明としての1000万円だったのだ。

・家族の絆を深めた父の死

その日のセミナーが終わり、ホテルの部屋に戻った僕を心地よい疲労感が包み込む。ベッドの端に腰を下ろし、窓の外に目をやった。

(人生の棚卸しか……)

僕の人生において最初に訪れた大きな転機といえば、やはり父の死だろう。

高校2年の新学期が始まろうというある日、父親が単身赴任先で起きた交通事故で死んだ。その訃報を耳にしたとき、あまりにも突然の死に家族の誰もが言葉を失い泣くことも忘れたようにその場に呆然と立ち尽くしていた。

それは当然、悲劇であり、僕をはじめ母も2人の姉もみな悲しみに暮れた。しかし父親の死は家族にとって大きな喪失であったと同時にひとつの救いをもたらしたのもまた事実だった。

というのも、僕の父親は単身赴任していたとある地方都市で、愛人をつくり家庭を顧みない夫になっていたのだ。

家族に送られるべき生活費も徐々に減ってゆき母親は苦労したようだが、子どもたちにはそんな素振りを見せなかった。

もともと人に対して虚勢を張るタイプの父は、口うるさい皮肉屋でいわゆる「褒めて育てる」教育とは程遠い人だった。なので、子どもたちは父に対してあまり良い印象を持っていなかった。

とはいえ、僕の授業料や2人の姉の大学の学費を払ってくれていたのは父親である。決して理想の父親ではなかったが、少なくともそこに関して僕は心から感謝している。

父親の突然の死は、家庭の経済に大打撃を与えた。一番上の姉は歯学部の5年生で、卒業まで残すところあと1年。歯学部なので当然、学費は一般の大学の何倍もかかる。薬学部の学生だった姉にもあと数年は金が必要だ。そして、僕は高校1年生。まだあと2年ぶんの授業料がかかるし、その先の大学があることを考えたら、母親は気が遠くなるような思いがしたのではないだろうか。

学校に行けば同級生たちが次々に、大丈夫かと声をかけてきた。それは僕の精神状態を心配しているのではなく、僕の家の経済状態のことを心配してのことだった。授業料を払い続けることができなくなり、そのまま僕が学校を去っていってしまうことを危ぶんだのである。

かつてのようにもう父親に頼ることはできないのだという避けがたい現実が目の前に突き付けられた。残された自分たちが肩を寄せ合ってどうにかしていかなければならない。結果的に父親の死によって僕の家族の絆は強まった。

精神的な部分はもちろん、家族の一人ひとりが経済的にも自立していかなければいけなくなった。その上で、家族みんなで助け合わなければならない。それまであらためて顔を突き合わせてそんな話などしたことがなかったので、それがかえって新鮮だった。ピンチが逆にチャンスにもなるということを僕はそのとき身をもって理解した。だから、いまになっても母や姉たちと当時のことを振り返って、父親の突然の他界は確かに悲劇ではあったが、あのタイミングでよかったと話し合うことがある。

父親が生きている間は、僕の学校の進路のことや将来のことなど、なにかと口出ししてくる父を疎《うと》ましく感じていたが、そんな父親ももういないとなると、自分で自分の生き方を決めなければならない。それまで親の庇護《ひご》のもと、どこか他人任せにしていた人生を、僕は自分自身の手に取り戻したと言えるのかもしれない。

とはいうものの、片親となった母は本当に苦労しただろう。それでなくても母は潰《かい》瘍《よう》性大腸炎という難病を抱えており、しばしば下血を伴う腹痛に苦しんでいた。普通に考えれば、まともに働ける身体ではないはずなのに、子どもたちのために泣き言ひとつ言わずに朝から晩まで働きづめに働いた。そして姉たちの大学卒業はもちろん、僕の大学卒業まで、3人の学費をすべてまかなってくれたのだ。

まるで将来のことを見通していたかのように、母は昔から常に「質素」を心がけていた。家族旅行や家族揃っての外食といった、世間でいうところの「ちょっとした贅沢」など一度もしたことがなかった。

子どもの頃、ある日のことだ。

どんなシチュエーションであったかはもう忘れてしまったが、僕は母にこんなことを尋ねた。

「うちはなんでこんなに貧乏なの？」

その瞬間、母の手が飛んできた。

「誰のお陰で三度の飯が食えていると思ってるの！　バカ野郎！」

ビンタ、しかも往復ビンタだった。いまにして思えば、なんてひどいことを言ったのかと思うが、そうやって倹約に倹約を重ねて蓄えを増やしていったのではないかというのが僕の推測だった。父親の遺族年金なんてたかが知れている。もし、そうでなければ、どう考えても３人の子どもをそれぞれ歯学部と薬学部に通わせ卒業させられるはずなどないのだ。

自分の持病に対する不安を抱えながら、将来のために子どもたちにはしっかりとした教育を受けさせたい――。自分が大人になったいま、あのときの母の気持ちが痛いほどわかる。身内ながら本当に頭が下がる思いで、いまでも尊敬し、親孝行もしている。

人生において、そのときは一見不幸に見えることが、後の幸福につながるための必然の出来事だったということがしばしば起こる。父の死もまたそういったことのひとつなのかもしれないのだ。

いつか父と天国で会えたなら、「ありがとう」と感謝を伝え、酒を酌み交わしながら、生きていたときには話せなかったことをいろいろと話してみたい。そんなことを考えているうちに、いつの間にか自分の頬が濡れていることに気づいた。

・現在を正確に知るには、過去を振り返る必要がある。
・現在地がわからない限り、ゴールへの道のりを知ることはできない。
・自分自身が身を置く環境は、正しいマインドを持って慎重に選ぶ。
・自分だけの幸福を求めず、周囲の人の成長に手を差し伸べる。
・自分自身の成長のためには、自己投資をいとわない。

第5章

君は、コミュニケーションを大切にしているか？

誰にでも良い人は、
誰の友達にもなれない。

――【ユダヤの諺より】

●コミュニケーションスキルは人生の必須科目

レヴィン氏のラスベガスでのセミナーが続いていた。その日の講義のテーマは「コミュニケーション」だった。

無人島や独房で過ごしているといった一部の人を除けば、たいていの人は起きている時間のほとんどを周囲の人たちとのコミュニケーションに費やしているといえる。つまり人生の幸福度というものは、周囲の人たちとの人間関係で決まるといっても過言ではない。そして、その人間関係を良好に保つためのスキルがコミュニケーションであり、人生で最も大切なスキルもまた、コミュニケーションなのである。

最終的に人は人の中でしか生きられない。たとえ何億ドルという資産を持っていたとしても人間同士のコミュニケーションを保てない限り、さびしい人生を送ることになってしまうのだ。ビジネスの成功にもこのコミュニケーションスキルが必要不可欠であることは言うまでもないだろう。

そこまで話したところで、レヴィン氏がふと口調を和らげて
「この中に、そのコミュニケーションスキルの高さを発揮して砂漠のチャレンジに成功したメンバーがいる」

そう言うとレヴィン氏が僕のほうを指差した。

「ヒロだ。彼は持ち前のコミュニケーションスキルで100ドルのキャッシュを手にすることができた。違うかね?」

「ひどい英語だったし、きちんと意思の疎通ができていたかどうかはわかりませんが、とにかく必死だったことは確かです」

僕の答えにレヴィン氏は大きくうなずいた。

「そうだろうとも。コミュニケーションで一番大切なのは、言葉やテクニック以前にまず相手に感情移入することなんだ。相手の気持ちや感情を理解しないことには、まずこちらの話を聞いてもらえない。相手のことを理解して、初めて自分のことを理解してもらえる。相手のそのときの気持ちやその人の性格をしっかり把握していない限り、会話が弾むなんてことはありえない。相手をまだ理解できてないと感じるならこ

ちらから話しかけながら、相手の状況を理解する必要がある。相手の心を理解し、その人の望むような話題を提供していけば、当然ながら相手の印象はよくなるだろう」

そう言って再び僕に視線を戻したレヴィン氏に僕は「確かに」と答えた。

「相手の気持ちに寄り添えないと、一方通行の独りよがりのコミュニケーションになってしまいますね」

感情移入のコミュニケーションとは？

「そうだね、ヒロ。ありがとう。それでは、相手の気持ちを本当に理解するためにはどうすればいいのだろう」

レヴィン氏が続けた。

ほとんどの場合、私たちの聞き方のレベルは4つに分けられる。

まず、無視する、あるいは聞こえていない状態、これがレベル1。次は、聞いているふりをする。相槌は打ってはいるが、内容は頭に入っていない状態がレベル2だ。

そして、その次のレベル３が選択的に聞くという状態だ。これは、会話で自分の興味のある部分しか耳を傾けていないという状態だ。そして４番目が「注意して」聞く状態。相手の言葉をひと言も聞き逃すまいというように注意深く相手の言葉に集中している状態。これがレベル４だ。

私たちはこの４つのレベルのうちのいずれかの状態で相手の話を聞いている。だが、この上の最も高いレベルで感情移入して相手の話を聞ける人は残念ながら非常に少ない。

この感情移入とは、相手が発した言葉を単に復唱するいわゆるオウム返しなどのテクニックとは異なる。本当の感情移入とは、相手のことを心の底から理解するつもりで耳を傾けることであり、相手を理解しようと努力することだ。極端に言うならば、相手の身体に自分の魂が入り込んで、その内側から心の声を聞いているような状態になることだ。

この状態で話に耳を傾けていると、相手はあなたに対してなぜここまで自分の気持をわかってくれるのか、不思議に思うと同時にシンパシーと敬意をいだくようになる。

状況に合わせた話ができ、共通の話題や感情で共感できたら意気投合し、相手のことも理解しやすい。すると、今度はあなたのことに興味を持ち、話を聞いてみたくなるはずだ。このように相手に感情移入して話を聞くことは、ビジネス、日常生活、恋愛のコミュニケーションで、大きな成果をもたらしてくれるだろう。

・ユダヤ人のコミュニケーション能力が高い理由

ユダヤ人には優秀な人が多い――。

その言説に異を唱える人はいないだろう。事実、ノーベル賞受賞者の5人に1人をユダヤ人が占めていると言われている。科学の分野だけではない。『資本論』を書いたマルクス、新しいところでは、フリードマン、サミュエルソン、クルーグマンなどのノーベル経済学賞を受賞した経済学者、心理学者のフロイト、伝説の投資家、ジョージ・ソロス、Ｆａｃｅｂｏｏｋの創業者のマーク・ザッカーバーグ、Ｇｏｏｇｌｅの創業者であるラリー・ペイジなど、いちいち名前を挙げていたらキリがないくらいだ。

なぜそれほど世界的に活躍するユダヤ人が多いのか？　彼らは特別に優秀な遺伝子を受け継いでいて、いくら自分のような日本人が頑張ったところで限界があるのではないかと思っていたのだが、決してそれだけではないことがレヴィン氏の講義でわかった。三千年もの教えが受け継がれていて、さらに学びが止まらないように更新されてきた。過去の歴史から学んでいるのだ。

その秘密が「タルムード」にある。タルムードとは、ユダヤに伝わる旧約聖書をベースにした分厚い教典で、全部で18巻ある。レヴィン氏は「18巻だ」ともう一度繰り返すと、その経典について説明を始めた。

「そこには人生で大切な教えが書かれていて、ビジネスの極意も書いてある。今回はその内容には詳しくは触れないが、ユダヤ人はこのような膨大な書物を幼少期から徹底的に読むように言われる。タルムードに書かれている教えを咀嚼《そしゃく》して、自分の頭で理解できるように学んでいくんだ。さて、ここからが大事なポイントだが、このタルムードはただひたすら読み込んで丸暗記すればいいというものではない。自分なりの解釈をして自分なりの考えを持つように教育される。そして、周りの人たちとそれについての議論を交わすことで、頭脳を鍛える。これを幼少期から繰り返すとどうなると思う? 当然、他者の考え方を理解しようとするし、その上で自分の意見を相手に伝える技術が鍛えられる。ユダヤ人のコミュニケーション能力の高さは、タルムードを読み、周りとディスカッションをすることで得られているのだと考えている。もちろん、ユダヤ人だけが優秀だとはまったく思わないが、世界的に結果を残す人が多いのも、このタルムードの影響が大きいだろう」

宗教における教典やバイブルといった類のものは、勝手な解釈や批判などは絶対に許されない神聖で不可侵のものであり、信者はただその教えに黙々と従うものであるという先入観があった。

しかしタルムードにおいては必ずしもそうではないということが僕にはとても新鮮で、強く興味を引かれた。

・得意な人の真似をするモデリング

「次は、モデリングについて話をしよう」

レヴィン氏が「MODELING」とホワイトボードに書いて言った。

これはひと言で説明すると「真似をすること」だ。世界を見渡せば、この分野でいえばこの人、あの分野ではこの人、というように各界で活躍する第一人者とか達人と呼ばれる人たちがいる。そういった人たちの行動や振る舞いを徹底的にコピーすることで、その本質を自分のものにすることだ。

「これは、あらゆる分野で使える手法だが、今回はコミュニケーションに応用してみよう。みなさんが過去に会ってきた人で、コミュニケーションの達人がいたら、その達人のスキルを紙に書き出してほしい」

コミュニケーションの達人といわれてすぐに思い浮かんだ顔があった。研修医時代、歯科医としての基礎を叩き込んでくれた栂安《つがやす》秀樹先生――。

中学のときに出会い、人生を変える言葉を投げかけてくれた家庭教師に続く、いわば第二の恩師だった。

栂安先生が率いる「つがやす歯科医院」は北海道の十勝・帯広地域では一番大きな開業医院だった。大勢の歯科医師が小児、矯正、口腔外科といったそれぞれの分野で腕を振るうなか、その末端の研修医として僕は受け入れられたのである。

院長の栂安先生は、歯科医師としてはもちろんのことだが、ひとりの人間としても非常に魅力のある人物だった。自分を飾ることなく、偉ぶらず、誰に対しても分け隔てなく接する人で、着任したその日から優しく話しかけてくれた。治療技術に関しても、その指導の仕方はきめ細やかで、僕が理解できるまで根気よく丁寧に教えてくれた。

仕事が終わってからも、その態度は変わらずよく飲みにも連れていってくれた。冬の寒さが厳しい北海道では、娯楽といえば飲みに行くぐらいしかないわけだが、そこでの話題は自分のことを語るにしても昔の思い出話や家族の話などがほとんどで、仕事の話は一切しなかったが、話のどれもが面白くためになり、単なる師弟の関係を越えた楽しい時間を過ごすことができた。

栂安先生は歯科技術だけではなく、歯科医が活躍できるフィールドの大きさ、その可能性を僕に示してくれた。歯科医がすべきことは、単なる歯の治療だけではないということだ。

現在ではほとんど常識となっているといってもいい「予防歯科」だが、日本の歯科業界に「予防」という概念をもたらしたのは栂安先生の業績である。かつて歯医者は、虫歯になって初めて行くところだった。ところが現在、歯科医院に来る人の7割は治療ではなく予防のためだ。「歯を治すのではなく、守る」。定期的に歯科医院を受診して、虫歯や歯周病にならないように管理する、「定期管理型」というモデルを作ったのも彼である。

精力的に活動し、次々と新しい治療法やモデルを歯科界に送り込む。日本全国への価値の提供である。それと同時に、目の前にいる人たちへのケアも決して怠らない。患者には常に笑顔で接し、子どもから高齢者までみんなに人気があった。当然、医院のスタッフたちの間でも人気で、僕は自然とそんな栂安先生にあこがれるようになっていった。

・栂安先生のコミュニケーション術

栂安医師の活躍は、自身の歯科医院の中に留まらず、地域医療の分野でも大きく貢献した。例えばそのひとつが高齢者の自宅や老人ホームなどへの往診である。これもいまとなっては当たり前になったが、先駆けは栂安医師である。十勝・帯広地域の高齢化率は高く、地理的な条件から見ても他の都市に比べて移動が難しかったことも背景にあったのかもしれない。

当時、帯広では高齢者の胃ろうが多かった。病気や体力の衰えで口から食べることができなくなると、お腹に穴を開けて栄養物を流し込む。いまでは口から食べることの大切さが再認識されて、安易な胃ろうは減ってきているようだが、当時は「食べられなくなったら胃ろう」が当たり前だった。

咀嚼《そしゃく》・嚥下《えんげ》は単なる栄養の吸収のためだけでなく、身体にとって非常に大事な働きである。咀嚼することで、脳の様々な部分が活性化するからだ。特に高齢者の脳機能には咀嚼が重要だとされている、食べ物を嚥下することで、それを大脳が認知して消化酵素を出す。また、咀嚼によって分泌されるホルモンもあり、新陳代謝が活発になる。つまり、口からものを食べることができなければ、酵素やホルモンのバランスが成り立たない。消化器官の働きも同様だ。

なにより、食の喜びを経験できないということは、QOL（クオリティ・オブ・ライフ／人生の質）の低下に直結する。人間が働いて生活していくことを「食べていく」というように、生活の土台には食がある。食べることで人は幸せを感じることができるのだ。

胃ろう状態になると、一気に認知症が進むともいわれる。実際に往診でそういったお年寄りたちを見ると、なんともいえない暗鬱な気持ちになった。ひどいケースになると、患者はなんの意思表示もできずに、「あー」とか「うー」という赤ん坊が話すときの喃語《なんご》のような言葉しか発しなくなる。これが日本の医療の現実なのかと、ひとりの医療従事者として、深く考えさせられるものがあった。

摂食嚥下のリハビリを日本で最初に始めたのも、栂安医師である。

その詳細は省くが、スプーンに適切な量の食べ物を入れ、それを口に運ぶところから始めなければいけない。誤嚥《ごえん》の危険性もあり、慎重さも要求される非常に根気のいる手法だ。

歯科医が診るのは口の中だけではない。患者の食べる喜びを担保し、その人の人生の価値を守り、高める。そのためには、必要とあらば医院を飛び出して適切に対応する。

栂安先生はそうした歯科医師としてのひとつのあるべき姿を僕に見せてくれたわけだが、それは誰もができるというわけではない。それを可能にしたのは、やはり栂安先生の卓越したコミュニケーション能力にあったのだ。

前述したように栂安医師が診るのは子どもから老人まで多岐にわたる。実に様々な個性の持ち主を相手にしなければならない。頑固な人、医師に不信感を持っている人、人の言うことを聞かない人、極端に疑り深い人、臆病な人……。だが、どんな患者でもいつのまにか手なづけてしまう。それが栂安先生だった。

歯科医師に限らず医者と呼ばれる人の中には、患者は黙って医者の言うことを聞いていればよいのだという態度を取る者が少なからずいる。だが、栂安先生はその正反対だった。医者と患者という垣根を取り払い、患者に寄り添い、患者の立場に立って一緒に悩んだり、考え、解決策を探したりする。その感情移入する力、あるいは共感力の高さがつまりは栂安先生のコミュニケーション能力の高さだったのではないか。

そう考えると、自分にはコミュニケーション能力という面では、まだまだ足りない部分がある。しかし、それに気づけたということは、ここから先、まだまだ伸びしろがあるということだ。日本に帰国したら、患者やスタッフと接するときは「栂安先生ならどうするか」ということを常に念頭において行動しようと僕は思った。と、同時にこれこそがレヴィン氏のいう「モデリング」なのだということにあらためて気づいたのだった。

・本気でぶつかれる勉強会開催

次に、レヴィン氏が出した課題は「自分のコミュニケーションスキルを高めた経験を思い出し、そのことを紙に書き出してみる」であった。

あれこれ思い出すまでもなく、その課題が出されてから1分もたたないうちに僕はペンを動かし始めていた。

それは栂安医師のもとを離れ、研修医から勤務医としてある歯科医院で働いていた頃のことだった。当時はまだ「ブラック企業」などという言葉がなかった時代だったが、いまにして思えば、そこはまさに「ブラック歯科医院」だった。

ひっきりなしに患者が来るのでとにかく忙しかった。僕のような新人だけではなく、ベテラン医師もバタバタと余裕なく働いているような職場だった。

ここでは「つがやす歯科医院」とは違って、誰も教えてくれる人はいなかった。こちらから相談しても、アドバイスひとつもらえない。返ってくるのは「見て盗め」という言葉だった。あえて厳しいことを言って、自主的な成長を促しているように見えるが、実際のところは教えるのが面倒臭いとか、自分が損をするので嫌だという本心を隠すのにとても便利な言葉である。当然、ここで使われる「見て盗め」は、後者であった。見て盗めと言われるたびに、心の中で「見ただけでわかるなら、誰でもブラックジャックになってるわ」と反発していた。

何をどうしたらいいのかわからない。それでも患者は絶え間なくやって来る。仕方がないから場当たり的に処置をする。当然、時間がかかる。医療というのは、いわゆる労働集約型産業の典型である。とにかく人の手でやるしかない。特に歯科医院の場合は、機械任せということが一切できないのだ。時間がかかると他にしわよせがいく。すると先輩ドクターから怒鳴られる。教えてもくれないのに、叱ることだけはするのだ。

そんな苦しくて大変なことばかりが続く毎日にもかかわらず、給料は安かった。

まさに「ブラック」なのだが、このときの僕はこの状況をポジティブにとるしかないと考えていた。忙しいということは、それだけたくさんの経験を積めるということだ。数年間辛抱して働いていれば一人前になれる。自分が成長するチャンスじゃないかとひたすらポジティブに捉えたのだ。

先輩ドクターが教えてくれないなら、自分で情報を集めるしかない。僕は院長に頼みこんで、３０００円ほどする歯科業界専門誌を定期購読できるようにしてもらった。時間もお金もないから、最新の技術のことは雑誌から勉強するしかなかったのだ。

ところがひとつ大きな問題があった。最新の論文や治療法の紹介や珍しい症例について書かれていることだけはわかるのだが、そのレベルが高すぎて、理解できないのだ。いまならインターネットで検索すればかなりのことが解決するが、頼みの綱となるはずの先輩が協力してくれないのだからお手上げである。

自分以外の新人の歯科医はどうやって勉強しているのかと思い、大学の同期生何人かに相談してみたところ、彼らも僕と似たりよったりのような状況だった。先輩はなにも教えてくれず、横でその治療の様子を眺めているだけ。当時の大学病院での研修卒程度だと、一日に患者一人しか治療させてもらえないことなどざらだという。それを考えれば、多くの患者を診させられていた僕はまだ恵まれているほうだったといえる。

調べれば調べるほど、新人歯科医がみなそれぞれに自分の置かれた環境に不満を持っていることがわかった。

こうなったら自分たちでなんとかするしかない。そこで僕は仲間を募り、勉強会を立ち上げた。その名も「ＳＳＧ」。毎週、土曜日の開催だったので「Saturday Study Group」の頭文字を取って名付けた。場所はみんなで金を出し合って借りた安い貸し会議室。

肝心の講師は、メンバーそれぞれが自分の得意分野の文献を10冊読んで、持ち回りで講師役をすることにした。普段の仕事の合間に勉強して、その成果をみんなの前で講義する。慣れないことで最初のうちは、みなおっかなびっくりでたどたどしかったが、少しずつ板についていきて、聞いているほうも教えるほうも勉強になった。

時には先輩医師に頼みこんで講師役を引き受けてもらうこともあった。謝礼らしい謝礼も払えなくて心苦しかったが、かえって、自分たちのときにもこんな会があったらよかったのに、と励ましてくれる人も少なくなかった。

会の規模は少しずつ大きくなっていって、多いときでは40人くらいが参加する本格的な勉強会になった。当時の僕は28歳。他のメンバーたちも同じくらいだった。若い歯科医師たちが自主的に立ち上げた勉強会として、珍しがられ、雑誌で取り上げられることもあった。

一人前の歯科医になりたい、成功したい、もっと腕を上げたい……さまざまな思いのもと、みんなが集まって切磋琢磨しながら勉強した。そこに通底するのは、みんなのよりよくなろうという強い思いだった。勉強会を続けていくうちにいつの間にかメンバー同士の間に絆が生まれた。このときの仲間たちとは、いまでも連絡を取り合っている。それまでの小学校、中学校、高校、予備校、そして大学のなかでは、互いに本音でぶつかり合うことのできる人間は少なかったが、ここで初めて腹を割って本気で話せる関係性を築けたように思う。

そしてその頃の経験が、僕の人生において最もコミュニケーションスキルが身についた時期であったことに、いまさらながらに気づくのだった。

・伝わるまで本気で伝える

そしていま現在の自分はどうだろうか――。

僕はいま現在自身が経営している歯科医院のスタッフとのコミュニケーションについて考えてみた。

年々確実にレベルは上がってきているが、100点といえるまでにはまだまだケアすべきことがいっぱいある、というのが僕自身が下した評価だった。

「組織はトップで99パーセント決まる」

日本を代表する企業経営者で経営コンサルタントの船井幸雄の言葉だ。かつては、この言葉が真実とされていた時期があった。しかしそれが当てはまったのは90年代前半までだったのではないかと思う。

トップが優秀であることはある意味当然のことであり、最大限のパフォーマンスを発揮することは最低条件だろう。あとはスタッフの能力をどれだけ高めることができるか。それで組織は決まる。僕はそのあたりのことがまだまだと思っているのだが、決してスタッフが劣っていると考えているわけではない。組織としての教育の問題だ。

僕はいまのスタッフには、毎日、患者や医院のために頑張ってくれていることに本当に感謝している。それどころか、いまだきちんとした教育体制を作れずにいることを申し訳なく思っている。だからその体制を一日も早く確立することが僕の喫緊《きっきん》の課題なのだ。

自身のクリニックの勤務医のみならず、見学を希望する者がいたら、教えることのできる技術や知識は、惜しみなく伝えるようにはしている。なぜなら、自分が新人歯科医のときに必要とする知識を授けてもらえなかったからだ。「見て盗め」などというようなことは言わない。そんなことは無理だと経験的に知っているからだ。学術的な理由やエビデンスを学び、言ってみて、見せてみて、やらせてみて、それでも理解できないようであれば、何度でも教える。

ただ、その指導の仕方は決して甘くない。自分でも厳しいほうだと思う。できる人にも、できない人にも熱くぶつかる。そこからなんらかの結果が出たり、成長が見られたりしたときは、どんなところがよかったかを示して、しっかりと褒める。逆に、考えが足りない、努力や配慮に欠けることが原因での失敗は、本気で叱るようにしている。常に真剣勝負だ。

僕の時間もスタッフの時間も有限だし、人生はどれだけ真剣に生きたかが一番重要なのだと思う。こちらが本気でぶつからなければ、相手も本気にはならない。なあなあで適当に教えて、相手が成長することなどない。これは先輩としての責任だと考えている。

とはいえ、受けた教育を自分のものにできるかどうかは本人にかかっていると思う。僕ができるのは、正しい情報とマインドの持ち方、ゴールを指し示すことだけで、そこから先、彼らがどんな歯科医になるのかを、僕には干渉することもコントロールすることもできない。

本気でぶつかるということは、当然そこに軋轢《あつれき》が生じることもある。それに耐えられず辞めていく者も中にはいる。残念だが、それはそれで仕方ないと思う。

歯科医院は他にもたくさんある。自分に合った居場所を見つけるか、あるいは歯科医師そのものが合わないと考えるのであれば、他の道を探せばいい。そこにはまた新たな困難が待ち受けているかもしれないが、それを乗り越えてくれればいいと思っている。

「熱さ」が人を動かす

コミュニケーションは口先だけではなく、体当たりでいくことも必要だと僕は考えている。人はひとりでは何もできない。周りの人たちと協力しながら生きていく。そのためにはコミュニティを作らなければならない。そのために必要なのが、周囲の人たちを巻き込む「熱さ」だ。「熱さ」が人と人とをつなぎ、人を動かし、共通の目的へと進ませる。

例えば、甲子園で破れた高校球児がグラウンドの土を手で集めて袋に入れて持ち帰るという行為。甲子園の土といっても、昨日、どこか遠くから運ばれてきて、今朝《けさ》新たに撒《ま》かれた土かもしれないのだ。なのにどうしてそんなことをするのだろうか。実際、サッカーの国立競技場でもラグビーの花園でも、敗退したチームの選手が土を持って帰ることはない。

だが、それでも僕は甲子園でその光景を目の当たりにすると胸に熱いものがこみ上げてくる。なぜならそこに甲子園球児の「熱さ」を感じるからだ。

松岡修造という元プロテニスプレーヤーのタレントがいる。良家の出で幼稚舎から慶應というエリートコースで将来へのレールは敷かれていた。ところが高校在学中に、母の猛反対を押し切って単身アメリカに渡った。テニスに対する熱い思いが原動力となり、日本での安定を捨てて、世界へのチャレンジをさせたのだ。

松岡修造の「熱さ」が人の心を動かす。テレビなどで活躍する姿を見て、「熱すぎ」「ウザイ」という声もよく聞こえてくるが、あの「熱さ」は間違いなく唯一無二だ。彼のポジションの代わりを務められる者はいないと僕は思う。

心が動かなければ、人は行動しない。誰かに言われて、仕方なく動くことはあっても、それでは本気にはなれない。本気でない人間が、近くにいてもらっては困る。なぜならせっかく燃え盛っている炎があっても、近くに熱量の低い人間がいると熱が奪われて炎が小さくなってしまうからだ。

たとえば、金属と金属も熱がなければ固体のまま決して溶け合うことはできない。熱があるからこそ、固体は液体となって混じり合い、より強固な物質、合金へと変化することができるのだ。人と人を結びつけるのもそれと同じといえる。

僕の「熱さ」に共鳴して、それに負けない「熱さ」を持つ人と一緒に、僕は進んでいきたい。それぞれの人たちに、僕とは異なる別のミッションがあっていい。それぞれのミッションをそれぞれが達成できるように、みんなの熱を合わせて協力し合い、それぞれのミッションを叶えること。それが僕のもうひとつのミッションなのだ。

・人間関係を良好に保つのに
コミュケーションスキルは必須。
・コミュニケーションスキルは、人生で最も重要な能力。
・最大限のパフォーマンスを発揮することは最低条件。
・人生は、どれだけ真剣に生きたかが一番重要。
・「熱さ」が人と人とをつなぎ、動かし、
共通の目的へと進ませる。

第6章

君は、世界を変える覚悟を決めているか？

奇跡は願ってもいいが、
頼ってはいけない。

――【タルムードより】

・一瞬で世界が変わるパラダイムシフトとは？

レヴィン氏の「今日はパラダイムシフトの話をしよう」という言葉で始まったその日の講義は、まさに僕のパラダイムシフトを促す印象的な講義となった。

パラダイムシフトとは、その時代や世界では常識であり、当然のことと考えられていた認識や社会の価値観が劇的に変化することだ。もともとは、科学者であり哲学者でもあるトーマス・クーンが『科学革命の構造』という本で提唱した。パラダイム概念の説明で用いられたものが拡大解釈されて一般の人にも広まった言葉だ。

例えば、自然科学におけるパラダイムシフトは、アインシュタインの相対性理論、ニュートンの提唱した万有引力の法則、コペルニクスが唱えた地動説などがよく知られるところだが、さらに広い意味で個人の「発想の転換」や「見方を変える」といった意味で使われることが多い。

パラダイムシフトは、いま挙げたコペルニクスの地動説のように、コペルニクス的転回、文字通り天と地を揺るがすような大きな変化をもたらす。

人間の一生においても、この革命的な転換、パラダイムシフトを起こせるかどうかが鍵となる。それまで正しいと信じて疑わなかったことが、一夜にして崩れ去ることがある。

レヴィン氏の話を聞きながら、僕は第二次世界大戦における日本の敗戦をイメージした。直接体験したわけではないが、当時の日本人、一人ひとりにおいても歴史的な転換点だったといえることは間違いないだろう。

「みなさんの人生においても、このパラダイムシフトを経験したことがある人も多いのではないかと思う。今日はしばらく時間を取るので、みなさんが人生で経験したパラダイムシフトのことを思い出してみてほしい」

・覚悟を決めたら見える世界が変わった

僕が歯科医として歩んできた道のりは、決して平坦ではなかった。人生の厳しさをしばしば「山あり谷あり」などという言い方をするが、まだ道が続いているだけましで、僕の場合、その道も途中で断絶していた時期がある。

ひと言でいうと、食べていけなくなって逃げたのである。

歯科大を卒業してから「こんなはずじゃなかった」ということが立て続けにあった。まずは研修医である。ほんとうはやりたくなかったのだが、大学側はやれという。そこで学生時代、絶対に師事したいと思っていた大尊敬する先生が、まず麻酔の勉強をしてこいというので麻酔科の医局に入った。

ようやく念願の医師免許を取り、ようやくこれからいっぱしの歯科医師としていろいろな治療ができるんだと思えばなんでも受け入れることができた。だけど研修医をやりながら麻酔の勉強などできない。

研修医が終わり、いよいよ麻酔科に入ろうと思ったのだが、その医局ではアルバイトを許してくれないことがわかった。研修医時代の給料が1万円。医局の給料が5万円。

普通、給料が一気に5倍となったらすごいけど、5万円じゃどうあがいても食べていけない。1年間の研修期間だけは面倒を見てくれた親に、これ以上の援助は頼めない。板挟みになった僕は結局、泣く泣く医局も辞めざるをえない状況になった。そもそも研修医などやらなくても普通に10万くらいは貰えるような病院は探せばいくらでもあったのを、親に頼みこんでやった研修なのに結局、医局ではアルバイトは認めてもらえなかった。あとから思えば、得難い貴重な体験をさせてもらっていたのだが、自分のこの一年間の苦労はなんだったんだろうとそのときは本当に絶望した。

とはいえ、とにかくメシを食って生きていかなくてはならない。ただ毎日を食べつないでいくために日銭が稼げるアルバイトを始めた。学費を出してくれた親にも、家庭教師の先生にも、そして栂安先生にも本当に申し訳ないと思ったが、どうしようもなかった。

歯科医師への未練がなかったといえば嘘になるが、とにかく別の人生を歩むためにリスタートするには、なによりもまずお金がいる。最初は手っ取り早く儲かりそうなホストみたいな水商売の道も考えたが、そんな経験などまったくなかったので腰が引けてやめた。結局、僕は、一般企業への就職を目指してリクルートスーツに身を包み、就職活動を始めた。

ホストなどの職業もそうだが、それまでまともに社会人の経験もしたことがないのに、そう簡単には就職先など見つかるはずもなかった。そうこうしている間に、生活費も底をつき、履歴書に貼る写真代にも苦労するようになった。

それでもなんとか就職活動を続けるうちに、ある外資系の企業が僕に興味を示し、採用してくれた。元歯科医という経歴が珍しかっただけではなく、持ち前の行動力、営業力、立ち振る舞いが評価された。何はともあれ、初任給40万円だ。月給5万円の研修医の8倍だ。これでひとまずはなんとか生活できると安心した。

入社したとたん周囲の人間から質問攻めにあった。高い金を払って歯科大を出てどうしてこんな会社で働いているのか。歯医者は金になるというイメージしかないらしい。説明するのも面倒だったので、歯科医もやったらやったで大変なんですよ、などと言ってごまかしたが、半分以上は本音だった。

入社から2週間後、人事部に呼ばれ「本当にうちの会社でいいのか？」と念を押された。本採用する前の試用期間中に、僕の意思をはっきりと確認しておきたかったらしい。

歯科医の道は諦めた。なんでもいいと思っていた割には、給料のいい会社に入れた。これから先、食べていく分には不自由ないだろう。普通に結婚もできるだろう。何も問題ない。待っているのはバラ色の人生だ。なんで人事部の人は、僕にこんなことを聞くのだろうか。

だから当然、自分の口から「もちろんです」という言葉が出てくると思っていたのだが、すぐにはその言葉が出てこなかった。

（本当にこれでよかったんだろうか……）

ふとそんな声が聞こえてきた。そして次の瞬間に僕の口をついて出たのは「辞めます」のひと言だった。僕はそのとき、自分が目をそらし続けてきたあることに気づいた。それは自分が逃げていたのだという事実である。

自分が歯学部を卒業できたのも、決して自分ひとりの力ではない。そんなものは微々たるもので、ほとんどは亡くなった父をはじめ母や姉たちの支えや犠牲の上に成り立っていたことだ。それなのに僕は、自分の苦しさにしか目を向けず、自分のことしか考えず、その苦しさから逃げ回っていた。家族や恩師たちへの感謝がまったくない自分が急に恥ずかしくなった。

それまでの人生、幾度となく目の前の困難に背を向けて逃げてきた自分が嫌で仕方がなくて、一生懸命頑張って変わったつもりだったのに、まったく何も変わっていなかった。気がついたら、また一番なりたくない自分になってしまっていたのだ。その日のうちに退職手続きをして、会社を出たとき、目の前のもやが晴れたように世界が違って見えた。こんどこそ本当に生まれ変わったような気がした。

(もう、絶対に逃げない。今度こそ、諦めずに夢を叶える)

はっきりそう心に決めた。

僕の中でパラダイムシフトが起こった瞬間だった。

・責任逃れの逆メンター

さらに、パラダイムシフトが起こった瞬間を思い出してみる。

ある歯科医院で勤務医として働き始めて2年目、僕の月給は急上昇した。客観的に見ても圧倒的に勉強していたし、技術的にも目覚ましい進化を遂げていた。患者からの評判も上々で人気があった。僕の受け持ちの患者に紹介されたという新規の患者が月に20人から30人来院した。これは院長よりも多い数字で、その点でも歯科医院の経営に大いに貢献していたという自負もあった。

そんなある日、事件が起きた。

小学校5年生の男の子の虫歯を治療していたときのことだ。治療中の歯とは別の乳歯が、軽く触っただけで抜けてしまうくらいの状態であることに気づいた。男の子に、抜いていいかと聞くと「いいよ」という答えが返ってきた。いずれにせよ数日の間に抜ける歯なのでそのまま抜いた。

それから数日後、男の子の父親からクレームが入った。男の子は剣道をしていて、全国大会に出場する予定だったのが、歯を抜いたことで熱が出てしまい、試合に出られなくなったというのだ。

すでにぐらついている乳歯を抜いて熱が出るなど常識的にありえない。だが、相手にその理屈は通用しなかった。なぜなら相手はいわゆる反社会的勢力の人間で、目的は謝罪などではなかったからだ。が、当時の僕はそんなクレームを受けるのは初めてのことで、ひどく動揺していた。どう対応していいかわからない。歯科医院に迷惑をかけられないし、院長の顔も立てなければいけない。ただひたすら謝るしかなかった。

クレームは一度や二度では済まず、さんざん呼び出されて、「誠意を見せろ」と言われ続けた。土下座しても許してくれるはずもない。なにしろ相手の狙いはカネだからだ。そして最後は「院長を出せ」ということになった。

僕は院長に事の顛末《てんまつ》を説明し、頭を下げて謝罪に同行してもらったのだが、その席で院長はこう言った。

「今回のことは、個人の判断でやったことなので、当院とはまったく関係のないことです。交渉は彼と行ってください」

一瞬、自分の耳を疑ったが、僕は自分が切り捨てられたことを悟った。院長として、上司として考えられない言葉だと思ったが、不思議と怒りも湧いてこず、責める気持ちにもなれなかった。

院長にはずいぶん貢献してきたつもりだったが、所詮、自分にはその程度の価値しかなかったのだという失望感が僕の全身から力を奪っていった。

おそらくその前から無意識のうちに院長の本質はわかっていたのだと思う。そこに気づかなかった自分が悪いのだと思い直し、それ以上悩んでも仕方がないので考えないことにした。

院長の態度にこれ以上交渉してもカネは取れないことを察したのか、その日を境にヤクザからの強引な「話し合い」の強要はなくなったが、僕と院長との関係も急速に冷え込んでいった。まだ僕が辞めるともいっていないのに、院長は新しい医師を雇い入れた。それは事実上のリストラだった。僕は2年間働いた医院を辞めることになった。

しかしこの苦い経験から学んだこともあった。

人間は弱い生き物であること。院長といえども、立場は「長」であっても人格的に立派だとは限らない。残念ながら、世の中には平然と部下を切り捨てるような経営者も少なからずいる。誰でも自分は可愛いし、自分の身は守らなくてはならないのだから、仕方のないことかもしれない。だが、その一方で自分を守ったつもりで失うことも また多い。

もし、将来自分で開業して院長という立場に立ったら絶対にスタッフを理不尽に切り捨てるような真似はしない。たとえヤクザが乗り込んで来るようなことがあっても自分が矢面《やおもて》に立ち、自分が責任を取ろう。決してスタッフに責任を押し付けたり切り捨てたりはしないと心に誓った。

それまでの雇われる側、使われる側から、雇う側、経営する側へと視点が移るというひとつのパラダイムシフトが起きた瞬間だったといえるだろう。

「さあ、みんなどうだったかな」

レヴィン氏の声で僕は現実に引き戻された。

「パラダイムシフトが起こった経験を思い出すことができたかね？　今日はいまやったように、一日かけて自分の人生を振り返る時間を取ろうと思う。セミナー会場の中でもいいし、会場の外でもいい。7時間後に戻ってきてこの場で自分が体験したことをシェアしてほしい」

・チャンスとリスクは同時にやってくる

ラスベガスの雑踏を歩きながら、自分のパラダイムシフトを考え始め、最初に僕の脳裏に浮かんだのは「豊洲」というキーワードだった。あるとき、僕の元に豊洲で新規開業する歯科医からオープニングスタッフとして参加しないかというオファーが来た。いまでこそ大きな商業・エンターテイメント施設や高層マンションが立ち並ぶ街として知られる豊洲だが、当時はまだ都市計画の段階で、工事現場ばかりが目立つ土地だった。

話を聞くと、スタート時の最低損益分岐点が月800万円だという。現在こそその3倍以上の収益を上げているものの、当時の僕にとって800万円は未知の領域である。この先、発展していくかどうかもわからないこの場所で本当に収益を出していけるのだろうか。しかもオープンまで3週間しかない上に、他の勤務医も決まっていない。普通ではありえないタイミングだ。オープンまでに解決しなければならないことはまだ山のようにある。豊洲の都市計画が本当に計画通りに進んで人口が増えていくという保証もない。そう考えると歯科医院としてのハコも大き過ぎる。考えれば考えるほど無理な話に思えてきて、結局、僕はそのオファーを断ることにした。

だが、すっぱり諦めたのかというと、決してそうではなかった。いわゆる後ろ髪を引かれる思いがあった。

(本当にあの決断でよかったのか……)

そんな思いが頭から離れなかった。

目の前にチャンスが転がっている。もちろん、それなりにリスクもある。だが、それは誰にでも与えられるチャンスではない。なぜ自分はそれをつかもうとしなかったのだろう？　条件がハードすぎたから？

その後、考えているうちに気づいた。自分はまた逃げてしまったのだと――。

そのときの状況を知る周囲の人間から見れば、たとえ僕が断ったとしても、それを

「逃げた」などと言って責める者は誰もいなかったはずだ。しかし、自分の感情や思考を掘り下げていくと、結局断った理由はすべて、ただの言い訳でしかないことに気づいた。

やってみればいい。それでダメだったとしても命まで取られるわけではない。なのになぜまた逃げたのか。技術も知識もあるし、自信もあるのに、自分は何を怖がっていたのだろうか?

それから1週間後、僕は前言を撤回して、「やっぱりやらせてください」と豊洲の歯科医院のオーナーに頼みに行った。オーナーは僕の申し出を寛大に受け入れてくれた（あとから聞いた話では、他にオファーを受ける歯科医がいなかったという話ではあったが）。とにもかくにも、僕は「一緒に頑張りましょう」と力強く握手を交わしながら、心の中に強い感謝の気持ちが広がるのを感じていた。

そして、同時に、何があってもこの歯科医院を軌道に乗せ、地域一番の医院にしてみせることを心に誓ったのだった。

われわれは日常のさまざまな場において「ピンチはチャンス」とか「ピンチのあとにチャンスあり」といった言葉を見聞きする。それらはしばしば、スポーツ中継するアナウンサーの決まり文句であったり、ピンチに陥った他人や自分に対するおまじないや単なる励ましの意味合いで使われることも少なくない。

しかし僕のこれまでの経験を振り返ると、決してそれが単なる言葉遊びなどではないことを認めざるをえない。実際、そんな経験を何度も重ねてきた。

僕の場合、一枚のコインに裏と表があるように、ピンチとチャンスはワンセットでやってくることが多かった。

その豊洲の歯科医院のオープンの件もそうだ。一見リスクだらけで不安要素ばかりが目立った案件だったが、腰を据えてじっくり考えてみると、そのリスクを背負ってこその大きなチャレンジができることに気づいたのだ。もしそのリスクを乗り越え事業を成功に導くことができたら、絶対に他では得られない経験となるだろう。その結果を出せる大きなチャンスなのだ。そう捉えることもできる。

誰しもが必ず、人生という名のバッターボックスに立たなければならない。正面から飛んでくるボールの半分はチャンス、もう半分はリスクで分けられている。リスクを恐れてバットを振らなければ、リスクを避けることはできても決してチャンスを得ることはできない。しまったと思ってあわててバットを振ってもそのときはもうボールはすでに自分の前を通り過ぎ、タイミングを逃してしまっている。

自分に向かって飛んできたボールをチャンスと捉えて挑戦するのか、リスクと捉えて逃げるのか、どちらの道を選択するかによって、人生は大きく変わっていくのだろう。

これまでの打席で自分は何度もボールから逃げてきた。いや、打席に立つことそのものを避けていた感覚すらある。それによってどれだけ多くのチャンスを失ってきただろう。だが、自分が逃げているという事実に気づいてからは、意識してリスクを取るようにしてチャンスに変えたことだってたくさんあるじゃないか——。

僕はいまだに逃げてしまいたくなるような場面に直面することがある。これからの人生はどんどんチャレンジしていこう。

あらためてそう決意しかけたとき、「ほんとうに逃げたのはそれだけなのか」と問いかけてくるもうひとりの自分の声が聞こえてきた。

二度の高校受験から逃げた理由

思えば高校受験のときもそうだった。

僕の出身地である福島のいわき市では、当時、男は磐城高校、女は磐城女子高校を出ることがひとつのステータスとされていた。

「開成より磐城、東大より磐城」そんな風潮すらあった。勉学だけでなく、ラグビーでは花園、野球では甲子園を目指す文武両道でも有名な学校だった。磐城高校を出てさえいれば、いわゆる「いい仕事」に就けることが約束されており、行政の幹部や、地元の有名企業の役員の多くが磐城高校出身者で占められていた。

女の子の場合も、磐城女子高卒業という看板さえあれば、いいところの嫁になれる。みんなが口を揃えてそう言っていた。

僕の実家の隣に、代々続く医者の家があった。その家の娘は僕の目から見てもずば抜けて頭のいい才女だった。おそらく本人も広い視野と将来の展望を持っていたのだろう、なんと彼女は地元の磐城高校ではなく東京にある私立の名門女子校への進学を選んだ。ところが、地元の人たちは彼女の選択を認めず「磐城女子に行けなかったからあんなところに……」と噂し合う。それくらい「磐城」のブランドは絶対的な価値だった。

当然のごとく磐城高校を目指す受験生は多く、一年に300名から400名、多い年では500名もの浪人生を生み出していた。それは全国的にも知られていて、ニュースにもなるほどの加熱ぶりだった。

2人の姉が磐城女子校という環境で育った僕が多少背伸びしても磐城高校を目指したのも当然の成り行きだった。

ところが一度目の受験は不合格。テストではある程度の点数が取れた自信はあったが、中学で決して優等生とはいえなかった僕の内申書が影響したのだろう。

僕はいわゆる「滑り止め」の高校に行くことをよしとせず、浪人して磐城高校を目指すことを決意した。が、僕の両親は東京の全寮制高校を受けることを勧めた。もし、また落ちたら取り返しがつかないと考えたのか、それともこれだけ努力しても無理だったのだから仕方ないと思ったのかはわからない。

予備校の教師も再受験には反対だった。彼らにしてみれば、生徒の進学率は学校の評判に直結する問題だ。合格を見込めない生徒には受験させたくなかったのだろう。

それでも、僕は磐城高校を諦めなかった。それだけを目標に一年間頑張ってきたからだ。しかし結果的に僕はその年、磐城高校の受験を断念した。願書締め切り直前まで反対していた両親も僕の頑なさに折れて受験を許したというのにである。最終的には自分が下した決断だったのに、僕は自分が磐城高校を受験しなかったことを人のせいにした。親が反対していた。予備校の先生に止められた。中学の担任が内申書を悪く書いた……などなど、すべて他人を悪者にすることで自分の責任から目をそむけた。

自分は逃げたのだ。その事実を認めないといけない。

あれだけ頑張って努力したのに、なぜ敵前逃亡してしまったのか。

「不合格」という動かぬ現実を目の前に突き付けられるのが怖かったのかもしれない。

周りの人たちからバカにされるのが嫌だったのかもしれない。いまとなっては詳しく思い出せないが、とにかく複雑な心理状態にあったことは間違いない。だが、その後の人生で、何度そのことを思い返し、何度悔やんだことか。あのときの思い出が蘇ってくるたびに自分の愚かさに身悶えするくらい苦しんだ。

だが、長い目で見ればこのときの挫折は自分にとっては得難い経験であり、たくさんの教訓を与えてくれた。チャレンジして失敗しても、それを失敗のままで終わらせずに教訓、糧として人生に活かすことができるのだ。

・二度目の浪人で東京歯科大へ

高校受験で懲りたつもりだったが、大学受験でも失敗。僕は再び浪人生活を余儀なくされた。

高校入学できて気が抜けてしまったように、2年生までほとんど遊んで過ごし成績は低空飛行していたが、志望大学の偏差値だけは高かった。しかも最も競争率の高い医学部である。医学部を受験するのに3年生になってから勉強しても受かるはずなどない。とにかく人の役に立つ仕事をと考えていたので、人々の歯の健康を担う歯科医は、分野こそ違えど他の医師と同じように社会貢献できるはずだ。志望を医学部だけでなく歯学部に変えることを母親は了承してくれたが、それには一つ条件がついていた。

入学が許されるのは、日本で最も歴史の長い名門校である東京歯科大学のみで、それ以外は認めないという厳しいものだった。

3年生から猛勉強したが、志望校に入れるまでの学力には届かず、残念ながら人生二度目の浪人を経験することになった。

僕が通うことになった予備校は医学、歯学、薬学部への進学を中心とした全寮制のスパルタ教育で有名なところだった。当然のごとく金もかかる。

問題を起こしてばかりの小学生時代、いじめられていた中学時代、高校受験の失敗に続いて大学受験も失敗。勉強を頑張った時期も確かにあったが、結局どれも長続きしない傾向があった。

これ以上は親に迷惑をかけられない。背水の陣で自分を追い込むと決めた一年間。だから、ただひたすら勉強に明け暮れていたその予備校時代のことはほとんど覚えていない。ただひとつ鮮明に記憶に残っているものがあるとすれば、翌年の春、東京歯科大学の校門をくぐったことだ。

・スウェーデン留学のチャンスを捨てる

僕が30歳になった頃の話である。スウェーデンのイエテボリ大学への留学話が舞い込んできた。スウェーデンは、歯周病治療やインプラントの先進国だ。その中でもイエテボリ大学は名門とされていて、特に当時の歯周病治療の研究については世界一といわれている。

以前から「世界で勝負したい」と考えていた僕にとってそれは願ってもない話だった。本当に選ばれた人でなければ留学したくてもできない最高峰の大学である。声をかけてもらったこと自体、非常に光栄なことだったのだ。

それなのに僕はその話を断ってしまった。

理由はいくつかあった。まず、最低でも3年という留学期間である。年齢を告げると誰もが目を丸くするほど若く見られるとはいえ、もう30歳。世間並みにそろそろ結婚して身を固め、母親にも安心してもらいたい。独立して開業もしたい。なにより、その当時は豊洲の歯科院ではスーパースター的存在として扱われていた。一旦手にした地位や環境をすべて捨てて知らない場所へ、まともに英語も話せず、論文もまともに読むことができない自分が行くことを考えると、まるで断崖絶壁の淵に立ったように足がすくんだ。

早い話、ビビったのだ。これは人生最大の不覚だった。妻も子もない独り身の自分に、失うものなどなかった。英語など大学受験で基礎はできているのだから、向こうに行ってしまえばなんとでもなったはずだ。

自分がどれだけ弱くて、どれだけビビりで、どれだけ決断力がなかったか——。いま、こうして冷静になって考えてみれば、単に当時はその程度のレベルの人間だったのだと諦めるほうが精神衛生的にもいい。が、それでも自分で自分を殴りたいような衝動に駆られることがある。

そのときの苦い経験から、その後、僕は年に2回は海外研修をしている。社会人で大学院に通い、学位博士号を取得、短期ではあるが、イエテボリ大学やニューヨーク大学にも留学した。忙しいなか、自分を突き動かしているのはそのときの後悔だ。

今では、年に数回海外研修や学会等に参加するようになったが、昔チャレンジできなかった夢に、いまチャレンジして、そして乗り越えようとしている。過去の失敗をなかったことにしたり、成功に書き換えたりすることはできない。だが、その後の生き方で、失敗の経験を糧にして、別の成功を得ることはできる。繰り返しになるが、人は失敗を乗り越えることで成長する。

人はしばしば「悔いのない人生を」といった言葉を口にする。それでも人生に後悔はつきものだ。その後悔に押し潰されたまま残りの人生を生きるのか、その後悔を教訓として新たな道に踏み出してゆくのか。そのふたつにひとつしかないのではないか。

そんな結論めいた考えが浮かんだ。ふと顔を上げた僕の視線の先にあった時計の針がそろそろセミナーが再開される時間を指そうとしていた。

・人はみな、人生というバッターボックスに立たされる。
・逃げない決意がパラダイムシフトを起こす。
・自分が逃げたことは、その事実を認めなければならない。
・リスクを背負ってこそ、
チャレンジへの権利が得られる。
・リスクを恐れれば、チャンスを逃す。
・チャレンジした結果が失敗でも、
それは人生に必ず活かせる。

第7章

君は、毎日感謝をして生きているか？

今日が最後の日だと思え。
そして今日が
最初の日だと思え。

――【タルムードより】

――・セミナー最終日のパーティでの約束

12日間に及ぶセミナーの最終日、レヴィン氏への感謝と受講生たちの健闘を讃えての、ささやかなパーティが開かれた。そのパーティの席上で、僕はレヴィン氏とふたりきりで話すチャンスを得た。

ビールグラスを片手に持ったレヴィン氏が、僕の肩に手を乗せて言った。

「ヒロ、12日間本当に楽しかった。みんなからのシェアで私も多くの学びがあった。とても感謝しているよ」

「レヴィンさん、こちらこそ本当にありがとうございました。たくさんのチャレンジで途中めげそうになったこともありましたが、本気で取り組んだおかげで僕の人生でもパラダイムシフトを起こせそうな気がします」

「素晴らしい。ところで、ヒロ。君の帰りのフライトはいつだい?」

出発は明後日の昼になると答えた僕に、レヴィン氏が思いがけない提案をしてきた。

「もし、君さえよかったら明日はうちに来ないか？　なにしろわれわれはカジノのポーカーテーブルで知り合った仲だ。なにか特別な縁を感じてるんだよ」

レヴィン氏はそう言って片目をつぶって見せた。

「君とはゆっくり話をしたいと思っていたんだ」

願ってもないチャンスだ。僕は二つ返事でその申し出を受けた。

「ぜひ、うかがいます！　個別レッスンを受けられるなんて、本当にラッキーです。

あのときカジノで遊んでいて本当によかった」

「じゃあ、それで決まりだ。どうせならうちに一泊するといい。明日の朝10時頃に、君のホテルまで迎えに行くよ。これでまた楽しみが増えたよ」

――・豊洲の歯科医院でスターになる

翌日、レヴィン氏は約束の10時ぴったりにホテルのロビーに姿を現した。

「おはよう。ヒロ。よく眠れたかな？」

とてもよく眠れた、と答えたが今日のことが楽しみでよく眠れなかったというのが本当のところだった。

パーキングから道路に出るところで、レヴィン氏が言った。

「少しドライブしてから家に向かおうか」

アメリカの大富豪自らが運転するクルマの助手席に乗れるなんて、そうそう経験できることではない。僕は一も二もなく賛成した。

「素晴らしいアイデアだと思います」

ホテルのパーキングを出て、フリーウェイのほうに向かってクルマを走らせながらレヴィン氏が切り出した。

「ひとつ聞いてもいいかな」

「もちろんです」

「ヒロ、君は歯科医院を経営していると言っていたね。もしよかったら、君がいまどんなことをしているのか、仕事の話を詳しく聞かせてくれないか?」

「もしかして、レヴィンさん、日本で歯科医院のチェーン展開を考えているわけじゃないでしょうね？」

　僕の冗談を「それもありかもしれないね」と笑うレヴィン氏に、僕はふと真顔に戻ってうなずいた。

「わかりました。あらためて僕の自己紹介と思って聞いてください」

　そう言うと僕は、かつて例の豊洲でオープンした歯科医院で働いていたころのことを語り始めた。

「僕はそこの歯科医院ではちょっとしたスターのような扱いを受けていたんですよ。いわゆる伝説の歯科医というか……なんだか自慢しているみたいに聞こえるかもしれませんが」

　レヴィン氏はとんでもないというように大きく首を横に振った。

「ぜんぜんかまわないよ。そもそも多くの日本人は自分のことを謙遜しすぎる傾向がある。自分が持っている才能や優れていることをもっと積極的にアピールしたほうがいいと思っているくらいなんだ」

　レヴィン氏の言葉に背中を押されたような気がして、僕はより率直に自分自身について語ることにした。

僕が豊洲の歯科医院にいた当時、現状維持で満足せずに自分を成長させようと考えている歯科医師は数えるくらいしかいなかった。それはつまり、競争相手が少なかったということに他ならず、集中して最新の知識を吸収したり、歯科医としての技術を高めるだけで、他より抜きん出た存在になることができた。もちろん、僕は医院の誰よりも勉強し努力もしたという自負があった。オープンした時点で、すでに周りの歯科医とはレベルが違っていたが、その差はさらに広がっていく一方だった。

「ヒロが言ったその『差』というのは具体的にどういう差なんだい」

レヴィン氏の質問に僕は即答した。

「マインドと考え方です。例えば、インプラント治療にしても、その当時もいまも高い技術が必要とされる難易度の高い治療ですが、僕はそれに特化して勉強していたのでかなり得意にしていました。他にも当時は治療が難しかった歯周病を治す技術も持っていましたし。とにかく自分が学んだことをすぐに実践することをモットーでやっていました。そうしないとせっかく学んだことが役に立たないわけですから」

「ヒロ、君は素晴らしいよ！」

レヴィン氏の称賛に気をよくして僕は話を続けた。

他の歯科医にはない高い技術を持っていた僕が、院長からも重用されたのはいうまでもないが、なによりも患者たちからは特に感謝された。しかも、できる限り良い治療を提供しようとすると、治療の幅、質から自由診療になってしまう。しかし、この自由診療は高額になってしまうことも多い。それを快く受け入れてくれた。

僕は、そうした自由診療を決して「高い」とは考えていなかった。金額的には高くなっても、それに見合うだけの、いやそれ以上の質の高い診療を受けるほうが患者にとってもプラスなのだ。僕は患者に自由診療とはなにかを説明し、理解してもらう努力をした。

もちろん全員が自由診療を選ぶわけではなかったが、イエスと言われれば、持てる技術のすべてを注いで誠心誠意治療した。

治療実績が増えれば増えるほど、経験値が上がり技術も高くなり僕の医師としての希少価値も上がっていく。それに比例して収入も右肩上がりで増えていった。他の歯科医が真似したくても、一朝一夕には習得できない技術だったので僕に追いつくことは難しかった。やがて僕の噂は歯科業界にも広まってゆき、30代前半でその存在を知られる注目の人物といわれるまでになっていった。

「まったく、知識を得たり技術を磨いたりするための投資は、本当に大事だね」

レヴィン氏が感心したように言った。

「いまのヒロの話を聞いていて、例のきこりの斧の話を思い出したよ。それだけしっかりと結果を出しているのは素晴らしい。せっかくセミナーを受講しても、実際に自分の日常生活で実践できない人も多いからね。患者のためにベストを尽くす姿勢と行動が君の収入に結びついた。患者の感謝の量とそこから得られる報酬は比例するからね。ヒロ、君は素晴らしい成功体験をしていると思うよ」

「ありがとうございます。当時の患者さんたちの顔はいまでも覚えていますし、ときどき思い出しては感謝しています。いまレヴィンさんが言った、感謝の量と報酬の話、まさにその通りだと思います。そんな体験ができた自分はまさにラッキーだったんだなっていまさらながらに思いました」

「いまさらだろうが、いつだろうが、そこに気づくことが大事なんだ。貴重なシェアをありがとう。早くも私は今日、君を誘ってよかったと思ってるよ」

「こちらこそです」

「それで……?」

「え?」と聞き返した僕に、レヴィンさんは手招きするような仕草をして言った。

「他にもあるだろう。君がこれまでの人生で得た学びのことをもう少し聞かせてほしいんだ」

・大人びた同級生への感謝

「そうですねえ……」

僕はしばらく考えてから、自分が高校時代、友達から得た学びについて話すことにした。

僕の高校の同級生は、帰国子女や金持ちの家の子息が多かったということもあり、入学早々からとにかく遊んでいた。授業中もほとんど教師の話は聞かず好き勝手に思い思いのことをしている。学校の中ですらそんなだから、放課後や休日は本来の勉強などそっちのけで「予備校講習」「社会勉強」などと理由をつけては、渋谷や原宿といった街に繰り出してそれこそウィンドウショッピングをしたり、流行りの服を買ったり、カフェにたむろして雑談に興じていた。

いまとなってはごく当たり前のティーンエイジャーの日常だったのかもしれないが、福島の田舎から出てきたばかりの僕の目には、同じ制服を着ているのに彼らがとても垢抜けていて大人びて見えるのだった。

僕はさっきそれを「遊ぶ」と表現したが、そこには決して自堕落だとか放蕩《ほうとう》といった意味はなく、彼らの遊び方には「節度」があった。きちんとポイントを抑えていて、やりすぎることがない。いわゆる底辺校とか不良校のように露骨に授業の妨害をしたり、サボったり、あるいは教師に暴言を吐いたりするような生徒は皆無で、教師から特別にマークされるような生徒もいなかった。

そんな同級生たちを観察しているうちに僕はあることに気づいた。それは、勤勉さや真面目さと成績が必ずしもリンクしないという事実である。遊んでいる連中は、一見、勉強してないように見えて成績がみなそこそこ良い。なぜそうなるかというと、それは彼らの要領のよさにあった。彼らの勉強法、あるいは試験対策は成績の善し悪しを決める試験に出そうなポイントだけを押さえて、試験に出ないところは無視する。勉強の仕方に強弱をつけるのである。その点、僕はもともと要領がよい方ではなかったので、試験に出る出ないは関係なくまんべんなく勉強しようとする。そうなると、どうしてもテストの成績は低くなる。だからといって、彼らを見習おうにもどこがテストに出てどこが出ないのかなど想像もつかない。もともと暗記が苦手なので教科書の隅から隅まで何度も読んで勉強するしかない。

同級生たちからは、どうしてそんなに真面目に勉強しているのに成績が悪いのかと不思議がられることもしばしばだったが、それも嫌味だとか悪口という雰囲気ではなかったので、特に不快には感じなかった。単純に疑問に感じていただけで、僕をいじめるでも仲間外れにするでもなく、フラットな関係として接してくれた。自分が人より要領が悪いことに気づかせてくれたのも彼らのおかげだし、結果を出すには努力すべき対象と範囲を絞ること、いわゆる選択と集中が必要だということを教えてくれたのも彼らで、そのときに学んだことはいまでもたいへん役立っていて、そのことに関しても当時の同級生には本当に感謝している。

僕の話に、レヴィン氏は大きくうなずいた。

「田舎から出てきたティーンエイジャーにしてみれば、まさにトーキョーは異世界に見えただろうね。カルチャーショックも大きかっただろうね。それにしてもヒロ、君はいい経験をしたね。そのときの同級生に対して、いまでも感謝しているなんてなかなか言えることじゃないよ。成功者は人に対する感謝の量も多いというから、当然といえば当然かも知れないが」

「ありがとうございます。でも、本当に彼らに出会っていなければ、いまの僕はなかったというのが素直な気持ちです」

「素晴らしい」と言ってレヴィン氏が僕を見て笑った。

「さあ、着いたよ」

フロントガラスの向こうには、僕の視界いっぱいに白亜の邸宅があった。

・自分が持っている才能や優れていることは積極的にアピールする。
・知識を得たり技術を磨くための投資をする。
・自分が学んだことは、すぐに実践する。
・勤勉さや真面目さは必ずしも成績とリンクしない。
・結果を出すためには「選択」と「集中」が必要。

第8章

君は、使命を持って生きているか？

自分の意志の主人となれ。
そして良心の奴隷となれ

――【ユダヤの諺】

・自分のミッションをインストールする

翌日、僕は帰国のためラスベガスの玄関口であるマッカラン国際空港（現・ハリー・リード国際空港）にあるカフェの一角にいた。レヴィン氏の家で過ごした一日は生涯忘れがたいものになったが、いまはまだその余韻に浸っている場合ではない。せっかく12日間もレヴィン氏のもとで学んだのだからその学びを反芻《はんすう》し、復習をすべきだ。僕は頭から昨日の楽しかった思い出をいったん頭から追い出して、セミナーの教室に座っていたときの自分を想像した。

最初に浮かんだのは「ミッション」の話だった。

「今日はミッションという話をしよう」

レヴィン氏はいつものように、ホワイトボードに「MISSION」と書いてその下に2本線を引いて次のように説明した。

「ミッション」とは、ひと言でいうと人生の目的だ。「自分はなぜ生きているのか?」

という問いに対する答えだ。この問いかけに対する答えが明確になっていないと、人生のいろいろな場面で迷ってしまう。あるいは、迷わず決断したつもりでいても、本来の自分が思っていた目的地ではない方向を目指していたとすると、そのズレがわずかなものであっても何年、何十年も月日を重ねていくうちに真の目的地とはまったく違うところに行ってしまうこともあるのだ。

だが、驚くほど多くの人が自分のミッションを知らずに、あるいは意識しないまま人生を過ごしている。自分のミッションを言葉にすることで明確にし、それをインストールすることは最も重要なことで、それだけでも数日間から一カ月間かけてやるくらいの価値がある。

明確なミッションを持って生きる人生と、ミッションがわからないまま歩む人生は大きく異なる。コンパスがあれば船は目的の港に着くことができる。しかしコンパスを持たない船はあてどなく海をさまようだけで、まったく目指していたのとは違う場所、港であればまだしも無人島に流れ着くか、遭難して最後は海の藻屑《もくず》と消えてしまうことだってありうる。

あのとき、レヴィン氏は僕たちに自分のミッションを紙に書き出すよう命じた。それができたら、そのミッションを周りのメンバーに声を出して伝えること。これを何度も繰り返しているうちに自分自身のなかで違和感を覚えることがある。そうなったらそのミッションは自分のミッションではないということだ。その逆に、それを繰り返すことで自分の心の中から力が湧いてくるのを感じるなら、それが自分の本当のミッションだということになる。そうなれば自分の身体に、ミッションというソフトがインストールできた状態だ。こうなると本当に人は強くなれる。多少の困難がやってきても、ミッションという人生の目的地がわかっているので、ちょっとやそっとではめげないのだ。

その講義のとき、僕は自分のミッションについて最初はこんなことを書いた。

「日本で一番の歯科医になること」

「歯の治療を通して、患者さんの笑顔を作りたい」

「お客さんの歯を良くして、身体も良くする」

思いつくままに書いてみたが、どれも悪くはないものの、どこか自分でも腑に落ちず、物足りなさを感じた。

　そこからさらに僕はいくつものミッションを書き出し、周りのメンバーにシェアしていくということを繰り返していった。そして最後にたどり着いたのが「最高の知識と技術を提供し、世界最高の臨床歯科医になる」というミッションだった。

　そのミッションが出てきたのは、やはり現場にこだわりたいという強い思いがあったからだ。最高の治療を届けることで患者を笑顔にすることこそが自分のミッションだと感じたのだ。もちろん、医者といっても現場に立つ臨床医もあれば、研究医という道もある。世界に向けて研究論文を発表し、それが認められて新しい治療法が確立される――そんな道もある。それもまた素晴らしくやりがいのある道だろう。だが、まるで履き慣れた自分の靴ではない、他人の靴を履いてしまったような、微妙な違和感を感じ、それは自分のミッションとは少し違うという気がした。

　とはいえ、人生に「絶対」はない。今後そのミッションが変わることがあるかもしれない。だが、いまの自分にとって最も正しいと思えるミッションを達成するために自分の知識や技術を高める努力をしていきたい。

レヴィン氏によれば、ミッションというものは、人生が進んでいくとアップデートされていくものだという。ちょうどパソコンにインストールしたソフトを、改良された最新バージョンのソフトにインストールし直すのと同じだ。

つまり、今回受けたラスベガスでの12日間のセミナーもそのアップデートのひとつだということになる。

・医療関係者のミッションとは？

ふと我に返って目の前のコーヒーカップに手を伸ばして口に運ぶと、コーヒーはすっかり冷めていた。時計を見るとここに来てからもう30分以上が経過していた。だが、フライトまでまだ時間はある。

僕は36歳で初めての自分の歯科医院となる「あべひろ総合歯科」を開業した当時のことに思いを巡らせていた。

オープンして間もない頃から、僕の歯科医院は高い治療技術を提供するという口コミが広まり地元では「知る人ぞ知る」といった存在となった。

それから6年後の2018年には、千葉県松戸市に二つ目の歯科医院「東松戸総合歯科クリニック」を開業。東松戸では理事長を務めながら、いまはそれぞれ2つのクリニックで週の半分ずつ仕事をしている。

僕のミッションは「最高の知識と技術を提供し、世界最高の臨床歯科医になる」ことだが、それを実現するにはクリアしなくてはならないことがある。

周知のように日本には世界に誇れる皆保険制度がある。保険証さえ持っていればいつでも誰でも必要とする医療サービスを受けることができる。たとえば、ここアメリカには皆保険制度がないため、それぞれが勤務先や所属団体を通じて医療保険に加入するか、そうでない場合は各自で民間の保険会社と契約をしなければならない。このセーフティネットから漏れると、ちょっとした手術を受けただけで目の玉が飛び出るような医療費を請求されるため、十分な医療を受けられない人たちが少なからずいるのが現状だ。

それと比べれば日本の国民皆保険制度は素晴らしいが、歯科医療に関していえば決して完璧なシステムとはいえない。この保険制度によって誰もが「必要な医療を受けられる」とはいうものの、それはあくまで「最低限必要な」という意味だからである。

確かに低額で治療はできるが、プロの目から見ると決して十分な治療ができているとはいえない。虫歯ができたら、とりあえず虫歯の部分を削ってそこに詰め物をするという対処療法的な治療だ。いうなれば、屋根に穴が開いて雨漏りがしたらそこをブルーシートでおおっておくようなものである。これでしばらく雨漏りは収まるかもしれないが、恒久的な修理をしたことにはならない。

歯の治療も同じで、本当に根本から治したいなら保険に縛られない自由診療が必要になってくる。患者の生活の質、ひいては人生の質をよくするにはどうしても高度な技術と高価な材料が必要となり、その結果として保険治療よりも高額な治療費がかかってしまう。理想をいえば高度な医療も保険でカバーできればよいのだろうが、ただでさえひっ迫している国家の医療経済の観点から見てもそれは絶対にと断言できるほど無理な話なのである。

保険診療内で用いられる銀歯には、金銀パラジウム合金という素材が使われる。この素材は腐食するために寿命が短く、そこから虫歯が再発することもある。さらに、パラジウムは、安全性が疑問視されていて、金属アレルギー検査で約半数の人に陽性反応が出る。パラジウムを歯科治療の素材に認めているのは、全世界の中で日本だけで、それは最初に認可されてから60年近くもの間、一度も見直されていないのである。

その銀歯と対照的なのが、見た目が自然できれいなセラミックという素材である。普通の銀歯が5年でダメになるところが、おおよそ15年くらいは使える。腐食することがないため虫歯のリスクも低くなる。なおかつ安全性にも問題がない。当然、銀歯よりも高価な材料なので保険は適用されず自由診療となる。

医者である僕の立場からすれば、患者には最高の治療を受けてほしいので、パラジウムではなくセラミックを勧めることになるが、最終的にどちらを選ぶかは、患者の判断に委ねるしかない。

医療関係者は、治療方法のメリットやデメリットをきちんと説明し、かかる費用もそれぞれ提示した上で、総合的に患者にとって最適な治療を選んでもらうことが大切だと考えている。僕のように最高の技術と知識を提供しようという考え方であれば、自由診療を目指さなくてはならないし、より多くの人に安価な医療を提供したいと考えるなら保険診療を選べばいい。同じ医療関係者であっても人生の目的をどこに設定するかによって、患者に提案する治療も変わってくることは当然あってしかるべきなのだ。

・使命のある人生に迷いはない

最高の歯科医……そんなフレーズが頭の中を巡っていた僕の瞼の裏側にふとひとりの人物の顔が浮かんだ。僕の歯科医のメンターである栂安医師だった。セミナー中もしばしば栂安医師のことは何度も思い出していたが、ここにきてもやはりそれは変わらなかった。

栂安医師の活動は歯科医の枠を超え、実に広範囲にわたっていた。食は人生最大の楽しみのひとつであり、食事を楽しむには歯の健康が欠かせない。

その健康を支えるのが歯科医なのだから、人々の人生を楽しくするのもまた歯科医の使命だと考えていたのである。

ひとつの食卓を囲んでみんなが飲み食いすることでそこに明るく楽しい空間が生まれる。その雰囲気に引き寄せられて人がまた集まってくる。そうやってどんどん人が集まってきてさらに大きな集団になるとそれはやがて街になる。歯科医は、その街の原動力となる食を支えている。どんなに美味しい料理も健康な歯がなければ食べられないし、食べても美味しくないからだ。だからこそ、歯科医は街を支える重要な使命を担っていると栂安医師は考えていた。

十勝に行く前、僕は北海道の人たちは豊かな自然の食材を使った美味しいものばかりを食べているのだと思っていたが、実際はそうではないと知ったときは少なからずショックを受けた。当時の北海道の人たちは、意外にも地産地消をしないというのだ。たとえ美味しい地元産の食材があっても、それらはほとんどが都会向けに出荷されてしまい、地元の人たちは輸入素材で作られたごく普通の弁当などを食べているのである。

それだけではない。北海道では朝食を抜く人が多い。それもある程度大人になってからならともかく、小学校に通っているような子どもまで朝食を摂らない。親と一緒にゆっくり朝食を摂っている時間がないというのがその理由だと聞いた。それは夕食でも同じで、食事は家族で会話を楽しむ時間という概念がなくなっていたのだ。そのような状況を憂《うれ》えた栂安医師は、食育の大切さを伝えるためさまざまな活動をしていた。

そのひとつが商店街や農家、大学を巻き込んだ様々なイベントの開催である。例えばフェスティバルを開けば、ほとんどの参加者は家族でやってくる。そこでお父さん、お母さんに連れられてやってきた子どもたちが地元で採れた素材をふんだんに使った料理に舌鼓をうつ。そのときの彼らの笑顔を見ていると、食とは単なる栄養摂取ではなく、楽しい時間を作り出すとても大切な要素なのだということが実感としてわかった。

そして、その賑わいを生み出していたのは、まぎれもなく栂安医師の使命感から湧き出る熱意と情熱だった。本気で十勝という街をよくして、そこに住まう人たちの暮らしをよりよくしたいという強い想いをいつも感じていた僕は、歯科医としてだけではなく、どう生きるべきか、どうやって世のため人のために貢献すべきなのかをその背中で教えてもらったような気がした。

梅安医師の献身的な活動の背景には、実はもうひとつ理由があった。当時の十勝が陥っていた経済危機である。十勝といえば雪印乳業が有名だが、その十勝の経済を支えていた大きな柱の一本である雪印乳業が、２０００年に近畿地方を中心とした集団食中毒事件を起こしたのである。その影響は計り知れないほど甚大で、地元企業の廃業に加えて、牛や牛乳そのものにも、風評被害が起きた。地場産品に頼る地域は、こうした事件の影響をもろに被ることになる。当然、地元の経済は冷え込んだ。

そうした暗い状況にあった十勝を元気にしたいと立ち上がったのが梅安医師であり、彼は一歯科医としての立場を超え、まさに十勝のリーダーとして活躍していた。

十勝で過ごした半年間は、僕にとって仕事でもプライベートでもこれまでの人生で最も充実していた時期であり、文字通り「よく遊び、よく学べ」の精神を実感として知ることができた貴重な半年間だった……。

そしてあのセミナーのときと同じように、当時の思い出にひたる僕の思考はやがて「ミッション」へ戻る。

使命を知った人生には迷いがない。ミッションを生きる者はエネルギッシュでありまっすぐである。なぜなら、自分の使命に生きることに自分の持てる時間を集中しているからだ。

ミッション達成のために、自分に残された時間のことを考えるともう無駄なことはしていられない。そう思うと自然に身の引き締まる感触を覚えた。

・ミッションから外れるとサインが出る

12日にわたるセミナー、そして最後はレヴィン氏との濃密な一日を過ごした僕の脳は限界近くまで疲れていたのだろう。成田に向けて飛行機が飛び立つと同時に深い眠りに落ちていた。

僕が目を覚ましたのは、機内アナウンスがそろそろ日付変更線を越えようとしていることを伝えたときだった。なにか夢を見ていたことは覚えているが、頭の中は霞がかかっているようにまだぼんやりとしていた。トイレに立ったついでに顔を洗い、席に戻ったとたん、さっきの夢の内容を思い出した。

いつの間にか自分のミッションを忘れてしまった僕が仕事で窮地に陥るという、いわゆる悪夢だった。

そんな夢を見た理由はわかっていた。

飛行機が離陸するまでの間に見返していたノートにあった「ミッションから外れたときに起きること」という短いフレーズだった。

「君たちがミッションから外れたら具体的にいったいどんなことが起きるか、今日はそのことについて話をしよう」

その日のセッションは、レヴィン氏のそんな言葉から始まった。

「私の友人のひとりにセミナーやパーティなどのイベントを主催することを仕事にしていた人物がいた。10年間で延べ10000人以上を集客していた彼は、心の底から人と会うことを楽しんでいて、人と人との新しい縁をつなぐことを自身のミッションにしている好人物だった。そんな情熱的な彼に会いたくて、私も何度か彼のイベントに参加したこともあった。そんな彼にあるとき転機がやってきた。あるコンサルタントが彼にこんなアドバイスをしたのだ」

——あなたがいま行っている一回あたり30から50人規模のイベントは非常に効率が悪い。一度に1500人入る会場を使って大きなイベントを主催するほうがずっと効率よく稼げるはずだ。あなたは、年に2回くらい大きなイベントを主催して、他の時間は集客のためのアドバイスやコンサルをしたらいいだろう——。

彼はそのコンサルタントのアドバイスを素晴らしいアイデアだと考え、それまで企画していた小規模イベントをすべてキャンセルし、大きなイベントに集中するようになった。

当初その計画はうまくいったように思えたが、やがて彼の目は数字ばかりを追うようになっていった。いつしか参加者一人ひとりの喜ぶ顔など気にかけなくなり、彼の関心事は1500人の会場を埋めることだけになった。参加者の喜ぶ顔が見たいと思って始めたイベントから彼はいなくなり、参加者を金としか見られなくなってしまったのだ。

そんな彼の考えは、徐々に参加者にも伝わっていった。そこからはどんどん潮が引くように客が減ってゆき、最終的に1500人のイベント会場に100人程度しか集まらない状況に陥った。そんな空席ばかりが目立つイベントの主催者である彼に集客の相談をする者はいない。そうして彼はどんどんとクライアントの数も減らしていったのである。本来なら、この時点で自分のやり方に疑問を感じ、自分のミッションに立ち返って軌道修正することもできたはずなのだが、彼はそうしなかった。そんな状況にありながら、一発逆転の結果を出そうと焦り始め、その努力（と呼べるならばだが）は、さらに空回りして無駄なあがきとなっていった。

こうして残念ながら「参加者が本当に喜んでくれるイベントを主催する」という彼自身のミッションから、彼は大きく外れていったのである。

その後、レヴィン氏が彼に会ったとき、彼は病院のベッドに横たわっていた。いつしか病魔に蝕《むしば》まれ、余命3カ月という状態だった。すっかりやつれた顔で力なく笑う彼にかつての面影はなかった――。

このエピソードは、人生のミッションから外れてしまうと、必ずなんらかのサインが出るということを教えてくれる。そして、そのサインを無視し続けると、警告のイエローカードが出るが、最悪の場合はレッドカードで一発退場となることさえあるのだ。

ちなみにそのレヴィン氏の友人の場合は、幸い退場とはならなかった。病室で自分がミッションから外れていることに気づいた彼は、コンサルをやめると同時にそれまでのやり方を改めて元の手法へと方向転換することを決めた。それと同時に彼を苦しめていた病気の症状が奇跡的に収まり、やがて全快するにいたった。

そんなエピソードを語ったのち、レヴィン氏はこう締めくくった。

「いまでも互いの家族を交えてワインを楽しむ仲だ。毎回、ミッションの大切さについて語り合っていることは言うまでもないがね」

・スター・プロジェクト始動

2019年10月、僕は自分のミッションを具現化するために、〈スター・プロジェクト〉という組織を設立した。

その事業の柱のひとつが「歯科医の経営サポート」である。高い技術を持ち、本当に患者のための医療を提供しているにもかかわらず、経営面での知識や経験が不足しているために売上げが上がらず苦しんでいる歯科医は少なくない。そのような医師や医院に対して、財務関係やマーケティングなどに関することを総合的にコンサルタントするのである。

そしてもうひとつは、医療をモチーフにしたキャラクターによる歯の健康に関する啓蒙活動である。

健康を守るためには正しい生活習慣が大事であることはもはや常識で、例えば歯の健康であれば「歯磨きが大切」などといまさら言ったところで誰も耳を傾けない。ところが、実際はそれが守られていないのが現状だ。真正面からものを言っても伝わらないのであれば、これまでとは違った新しいアプローチが必要になってくる。

そこで僕が考えたのが、医療をモチーフにしたキャラが登場するアニメを作って、全世界で放送するという計画である。世界中の子どもたちに早いうちから健康的な生活習慣を定着させることができれば、病気は格段に少なくなるはずだ。僕の夢は大きく、ディズニーやジブリと肩を並べるようなキャラクターの制作を本気で狙っている。

医療アプリの開発も大きな柱のひとつだ。世界の人口78億人のうち、まともな医療を受けられるのはそのうちのわずか1割強の約10億人と言われている。残りの68億人のうち30億人は、電気、ガス、水道すらない生活を余儀なくされている。

一方、スマートフォンやインターネットは200カ国以上で普及しているが、そこではいまだにライセンスも持っていないいわゆる闇医者が治療をしている地域も少なくない。道端に置いた椅子ひとつで営業する医者もどきが、麻酔もなしにペンチで歯を抜く光景は発展途上国ではおなじみになってしまっている。

だがネットを使えば、日本はおろか世界中どこにいても、遠隔で診断ができる。翻訳アプリも進化しているので、症状を診て、聞いて、薬を飲めばいい程度なのか、それとも病院にいく必要があるのかの判断くらいは下せるだろう。

遠隔操作での手術が可能になる手術支援ロボットもすでに実用の段階に入っている。歯科もその例外ではない。将来的には、実際の治療も行えるようになるであろうことは確実で、僕はその一助を担いたいと考えている。

激動の時代を生き抜くコンパスを持つ

僕を乗せた飛行機が徐々に高度を下げ始め着陸態勢に入った。もう間もなく住み慣れた日本でのいつもの日常に戻ることになる。だが、そこに待っているのはもはやかつての日常ではない。

新型コロナウイルスは、世界を大きく変貌させた。

コロナで仕事を失った人もいれば、逆にビジネスチャンスを得た人もいる。満員電車に乗っての通勤はもはや過去の話で、いまではエッセンシャルワーカーを除けば、多くの人たちがリモートワークと称したオンラインで仕事をしている。

感染予防の名のもと、人と人との直接的な交わりが減り、ひとりで過ごす時間が増えた人々の目は自分自身に向けられるようになった。これまでの人生を振り返り、そして今後の人生を考える。

果たして自分の人生はこれでよかったのか。これから自分はどう生きていくべきなのか……。もちろん、失業した人や収入を減らした人にとっては災厄以外のなにものでもないかもしれないが、良くも悪くもコロナウイルスは人々に考えるチャンスと時間をくれた。

それをレヴィン氏はあえて「いい傾向だと思う」と言った。「自分の人生は本当にこれでよいのか?」と考える人が増えたということは、「自分の人生のミッションは何なのだろうか?」と考える人が増えたということだからだ。

現在のこの激動の時代にこそミッションというコンパスが必要とされる。嵐で荒れた海ではコンパスのない船はどんどん沈んでいってしまうだろう。逆に、このような状況で自分の人生のコンパスを見つけることができた人は、この荒波を乗り越えて力強く進んでいくだろう。

あのセミナーの中でレヴィン氏が幾度となく口にした言葉を思い出し、僕はあらためてもう一度、自分自身に言い聞かせた。

「ミッションから外れていると少しでも感じたら、自分のミッションに立ち返ること。それが船の上でコンパスを見る行為だ。そしてそのコンパスが指し示す方向が本当に北極星、つまり真北を指しているかもう一度確認し、それが正しいのかどうか自問自答してほしい。もしかしたら、本当のミッションは違っているかもしれない。そんな心の声が聞こえてきたときは、自分のミッションを何度も何度も声に出してみることだ。そうすれば、それが自分の腹に落ちるのかがわかるだろう。もしもそこに違和感を覚えたら、もう一度自分の人生のミッションがなにかを、焦らず、ゆっくりとリラックスした環境に身を置いて考えてほしい。そうすればきっと、自分の本当の人生のミッションが見えてくるだろう」

最後により強く印象づけるため、僕は今回のラスベガスでのセミナーで得た学びを、過去のメモに頼らず一つひとつ思い出しながらノートに書き起こしていった。

・人は安心領域の外に出るから成長する。「真の成功者」とは、安心領域とコンフォートゾーンの外に出続けている人。

・砂漠でのビバリーヒルズトレーニング。人間には、経済的ニーズ、社会的ニーズ、知的ニーズ、精神的ニーズの４つニーズがあること。

・グランドキャニオンでの瞑想。雄大な自然の前では、人生は短く、時間は有限であること。

・アラブの大富豪になりきるくらいの演技力が大切であること。見た目は重要であること。

・世界には、戦士、恋人、魔法使い、王様の「４つの元型」があること。この四つのエネルギーのバランスが大切であること。

・斧を研がないきこり。自分を成長させないと結果も出ないということ。

・父の死が家族の絆を深め、成長のきっかけになったこと。

・ユダヤ人のコミュニケーション能力の高さ。タルムードという教典を子どもの頃から周りとディスカッションしていること。
・相手に感情移入することの大切さ。まずは相手を理解してから、自分を理解してもらう。
・世界の見方が一瞬で変わる「パラダイムシフト」。
・「原則中心」という考え方。人生の中心を何に置くかで、人生は大きく変わること。
・感謝とお金の関係のこと。
・ミッションをインストールすること。使命のある人生には迷いはないこと。ミッションを外れるとサインが出ること。

そうやって手を動かしながら書いてみて、僕はいまさらながら本当に多くの原則を学んだと思った。あとは、これらを知識としてだけでなく、日々の行動に移すことが大切だ。実践に勝る学びはない。

自分はこれからも学び続けるだろう。そして、自分のミッションを達成するために生きるだろう。

ふと窓の外に目をやると、眼下に広がる滑走路の誘導灯の列が一直線に並んでピカピカと光っているのが見えた。それはまるで、僕のこれからを指し示す光の道を暗示しているようだった。

- 使命を知った人生には迷いがない。
- 真の成功者とはコンフォートゾーンの外に出続ける人。
- 自分が変われないなら、人を頼れ。
- 感謝の量とそこから得られる報酬は比例する。
- 自分のミッションを達成するために生きる。

終章

私は現在、埼玉県で歯科医院を2院経営する現役の歯科医師です。いわゆる「町の歯医者さん」の一人ですが、歯科医師としての臨床力は世界のトップ5パーセントに入る自信はあります。おかげさまで事業は順調ですが、ここまでくるのにはやはりそれなりの苦労もしてきました。

繰り返しになりますが、残念なことに私は子どもの頃から物覚えが非常に悪く、人が1回で覚えられるところを、3回、4回やっても覚えられない。テストのときは同じ言葉を何度も何度も手書きして身体に覚えさせることでなんとか乗り切ってきました。バカはバカなりに頑張ったつもりです。そういった点では、私は努力家の部類に入ると思っています。

だが決して強い人間ではありません。それどころか眼の前に立ちはだかる壁や困難にぶち当たるたびにそこから逃げてきました。それが高校で1浪、大学で2浪という結果を招いたのです。逃げるたびに自己嫌悪に陥り、もう二度と逃げないと自分に誓うのですが、喉元過ぎれば熱さ忘れるとはよくいったもので、また逃げてしまう。

そんなふうに人生半ばにして数々の自分自身と交わした約束を破ってきたのです。

そうやって人は自分で自分が嫌いになっていったりするわけで、そうした人間を世間では「ダメ人間」というのでしょうが、自分ではそこまで自分を卑下しているわけではありません。

どんな人であっても失敗や困難から目をそらし逃げてしまうことはあります。それが人間だし、それでかまわない。大事なことは、その失敗から立ち直り、チャレンジを続け、いまこの瞬間を熱く生きることではないでしょうか。そしてそれをどうにか実践して、少しずつではあっても成長することができたのだと思うのです。

本業の他に手がけてきたビジネスも徐々にですが成果を上げつつあります。でも、僕はまだまだぜんぜん満足していません。これからも経営者として成長したいし、世の中に対してインパクトのある新しいチャレンジもしたいと考えています。この本を書こうと思い立ったのも、そのチャレンジの一環です。

世の中には人生やビジネスにおいて、いかに成功を収めることができるかが書かれた「成功の法則」的な本が溢れ返っています。たぶん何千、ひょっとしたら何万冊とあるのではないでしょうか。私も昔からその手の本が好きで、いわゆる自己啓発書だとか、ビジネス書だとか成功のためのハウツー本の類を相当数読み込んできました。そこで、わかったことがひとつあります。それは、結局はそれらの本で主張されていることは、全部似たりよったりでほとんど同じようなことだということです。

別にそのことを非難しているわけではありません。要するにどうすれば成功できるか——。その答えはもうとっくに出ているということを言いたいのです。二千年前に書かれた本でも、昨日出版されたばかりの新刊本でも、そこまで同じことを言うのかというくらい同じようなことが書かれているのです。

僕がここで書いていることも、そうだと思います。大きなくくりでいえば自己啓発本のジャンルに入る内容です。

そんな私のような、どこの馬の骨とも知れぬ男が書いた本を誰がわざわざお金を払って貴重な時間を割《さ》いてまでして読むだろうか——。

どうせ同じようなことが書いてあるなら、それこそアインシュタインだとかガンジーだとか、もっと偉い人が書いた本を読んだほうがいいに決まっている。同じ話でもありがたみは千倍くらい増すはずだ——。

この原稿を書きながら、そんな自問自答を繰り返しました。それでも僕は書いた。なぜならどうしても言いたいこと、書きたいことがあるからです。

そもそも人は、どうして自己啓発書を読むのか——。

それはひと言でいうと「いまの自分を変えたいから」です。だから「よりよい明日のため」でも「世界を変えるため」でも「自分が幸せになるため」でもなんでもいいですが、基本は「まずは自分が変わらない限りなにも始まりませんよ」というようなことがどの本にも書かれています。

それについてまったく異論はありません。ほんとにその通りだと思いますが、問題はその先です。たいていの人は、本を読んでいるときは「なるほどなるほど」と納得して自分も今日から頑張ろうなどと思ったりするわけですが、その決意も本を読み終えて何日か経つとすっかり薄らいでしまい、元の木阿弥《もくあみ》となってしまうのです。

そもそも本を一冊や二冊読んだくらいで人生が変わるなら、誰も苦労はしない。もちろんなかには変わる人もいるかもしれませんが、そういう人はもともとそういう素養を持っている人です。

「可愛い子には旅をさせろ」といいます。本当に子供のことを思うなら、あえて世間に放り出して荒波にもまれ、いろんな苦労を味あわせて自立することを学ばせよという意味です。

いまの時代、どれだけの人が本当の意味で子供に旅をさせているでしょうか。

私たちが子供の頃は、親というのは怖かった。よそでなにか悪いことをすると首根っこをつかまれて怒鳴りつけられ、迷惑をかけた家に謝りに行かされたりしていました。学校に行けば、先生も平気で生徒に手を上げげたし、アホだのバカだのマヌケだのと暴言を浴びせるのが当たり前だったが、いまそんなことをやったら「児童虐待」で即刻退場です。だから昔がよかったというわけではありませんが、いまの世の中、子供は言うに及ばず、とっくに成人した社会人までもが個性を尊重して自主性を重んじる「褒めて育てる」方式でお客さんのように扱うことが当たり前になっています。そこをかつてのいわゆるスパルタ式でいこうとすると、パワハラだのブラックだのと騒ぎたてられて世間から糾弾されるのです。

しかし、いまの世の中のこの「褒めて育てる」やり方だと、まともに育つ子供なんて10人に1人で、さらにいえば20人に1人いればいいくらいなんじゃないだろうか。真剣にそう思うのです。

いま、たまたま「可愛い子には旅をさせろ」と書いたけれども、私はなにもここで教育論を語りたいわけではありません。私が言うこの「可愛い子」というのは、子供のことだけではなく、自分の大切な人、社員、そして自分自身も含まれます。なぜなら、人間というのはやっぱりなんだかんだ言っても自分のことが一番「可愛い子」なわけで、だからこそ甘やかしたり、辛いこと嫌なことから逃げたり、傷つかないように立ち回ったりするわけです。要するに私が言いたいのは、他人のことはさておき自分自身をまず旅に出すべきではないかということです。

繰り返しますが、ちょっと本を読んだくらいで人は変わらない。なんらかの強制力が働かないと人は尻を上げようとしないものです。もしくは人生が変わるほどの、とんでもない目に遭ったとか、大失敗をしたとか、それくらい心に傷を負うくらいのことを経験しない限り人は、そうそう変わることができない。しかし、だからといってわざわざ人生が変わるようなひどい目に、自分から遭いにいこうという人はそうはいないでしょう。

だったらどうすればいいか――。結論を言えば、第三者に任せればいいのです。

「自分で変われないなら、他人に頼れ」

「自分で飛べないなら、他人に背中を押してもらえ」

「その環境に身を置け」

それが本書の最大のテーマでした。それこそが、ユダヤ最強の教育なのです。

話は変わりますが歯科医をやっていて、気づいたことがあります。それは、歯を磨くことと自分を磨くことの共通点です。

歯の健康を保つには毎日の積み重ねが大切です。例えば、1年365日のうち300日、毎日欠かさず歯磨きしていたとしても、残り65日間サボったら虫歯になる確率はぐんと高くなります。あるいは10日間歯磨きをサボったので、今日は一気に10日分磨いて取り戻そうというのは不可能だしナンセンスです。スポーツや芸術、たとえばピアノや体操の練習なども、何日かサボるとその遅れを取り戻すのにはその何倍の日数がかかる、などといわれているのと似ているかもしれません。

人間として成長するためのいわゆる「自分磨き」も歯磨きも、日々の習慣にして継続しないと成果が出てこない点では同じです。

虫歯になって歯科医のもとを訪れる患者さんのほとんどは、歯が痛みだしてからくるという人たちです。しかし歯科医の立場から言わせてもらうと、歯が痛くなってからではタイミングとしては遅すぎるのです。

歯が痛むのは、虫歯や、なんらかの症状が進行しているサインです。少し専門的になりますが、歯の表層のエナメル質が細菌によって溶かされて穴が空き、それが奥の層にある象牙質に達する。ここまで虫歯が進行してしまうと、残念ながら、いくら一生懸命に歯を磨いても、もとの状態に回復することはありません。そうなるともう痛みを取るには歯を削るしかなくなるのです。

人間の成長もこれと同じではないでしょうか。

目の前にある毎日のルーティンワークをこなすのが習慣化してしまい、変化も求めず、新たなチャレンジもしないまま漠然と毎日を過ごす。そうこうしているうちに、すっかり感覚が麻痺《まひ》して慣れっこになって「自分はこのままでいいのか」といった疑問ももたなくなる。そうやって10年、20年、30年と日々を重ねていくうちにある日ふと「いったい自分とは何者なのか」とアイデンティティの喪失という「痛み」に気づきます。しかしそこから自分を大きく変えることはとても難しい。骨の髄《ずい》まで染み込んだ習慣や考え方を捨てることは、歯磨きで虫歯を治そうとするようなものです。むしろ変化することを嫌がる、怖がるといった症状が出ていないだろうか。

若いうちならまだ自分で自分を変えることもできますが、ある程度この「人生の虫歯」が進行してしまうと残念ながら大がかりな治療が必要になります。ちょっと考えれば当たり前のことですが、虫歯というのは、いくら自分で歯を磨こうが、薬を飲もうが決して自分ひとりでは治せない。誰かに治療してもらうしかありません。

その「人生の虫歯」の治療のひとつが自己啓発セミナーだと私は確信しています。それも実際に真の本物の成功者が開催するセミナーでなければ意味はありません。

例えばあなたがお金の運用で迷っているとしましょう。そのことを誰かに相談するとしたら、果たしてあなたは得体の知れない人に頼るでしょうか。自分のファイナンスすらきちんとマネジメントできない人間に、お金のことを相談しようなどとは決して思わないはずです。多少料金は高くても自身が成功を収めた実績のある、お金持ちの人にお願いするのではないでしょうか。

本書は、私の半生をサイドストーリーにしながら、ユダヤ人のご家族を持つRyu Julius先生から私がラスベガスで授けられた教えを元に書き上げたひとつの物語です。いわゆる純粋な自伝や手記といった類の本ではありません。よって脚色を加えていたり、架空の人物を登場させるなどしていますが、それらはすべて私が実際に体験したこと、学んだこと、そして私自身をもう一度客観的に見直して再確認したことをベースにしています。ですから本書には、これまでに出会った数多くのメンターから得た学びのエッセンスを惜しみなく盛り込んだつもりです。

この僕のチャレンジとユダヤファミリーの教えを通じて、楽しみながら自分を成長させることの大切さを知っていただき、それがみなさんの人生が好転するきっかけとなれば、著者としてこれ以上の幸せはありません。

あとがき　～逃げない勇気を持つ

本書を最後まで読んでいただき、本当にありがとうございました。このレヴィン氏との物語は、私の人生を変えたラスベガスでの12日間のセミナーをベースにして書きました。私がやってきた数々のチャレンジは、すぐに仕事に役立つというようなことではありません。アラブの大富豪の恰好をしたり、グランドキャニオンで瞑想したり、カジノでポーカーをすることで、仕事の効率が上がることはないでしょう。

しかし、本文中にも「斧を研がないきこり」の話を紹介しましたが、自分の成長にお金と時間を投資しない限り、現状を大きく変えることは難しいのです。人生に大きな変化をもたらすには、現状というぬるま湯から脱すること、レヴィン氏の言葉を借りれば「コンフォートゾーンを抜けること」が経験的に大切だと感じています。これをすることによって何を学ぶのか、なんのために、なぜやるのか？　を考えていただきたいのです。

人生は経験の積み重ねであり、それがすべてです。本書を読んでいただいた方にはわかると思いますが、私も歯科医院のオーナーになるまでには数々の失敗がありました。そして、その失敗の中でも最も後悔しているのが、数々のチャンスを目の前にしながらその場から逃げてしまったということです。

いま振り返ると、本当によく懲りもせずに何度も逃げたものだなと我ながら感心してしまうほどです。逃げてしまった代償は、計り知れないほど大きいものです。チャンスを失うだけでなく、その後の人生で「なぜ、あのとき自分は逃げてしまったのだろう」という苦くて後味の悪い後悔が延々と続くのです。

本書を読んでいただいた読者の方には、過去の私のように逃げ続ける失敗はしてほしくありません。時に「逃げる勇気」だけではなく、ぜひ大胆に「逃げない勇気」を持って、人生で大きなチャレンジをしていただきたいと思っています。

私自身まだまだ、発展途上です。本書の中でも少し触れましたが、これから自分のミッションを達成するために数々の新しいチャレンジをしていきます。そのために必要な自分の成長には惜しみなく投資をして、どんどん新しいことを学んで読者のみなさんと一緒に成長していけたらと思っています。そして、いつの日か、いまよりもお互い成長した姿で実際にお会いできたら、本当に嬉しいです。

本書を執筆するにあたり、本当に多くの方々の協力がありました。この場を借りて心から感謝したいと思います。ありがとうございました。

２０２３年５月

「あべ ひろ総合歯科」「東松戸総合歯科」理事長　阿部ヒロ

読者の方限定特典

本書をお読みいただき、ありがとうございます。
もし気に入っていただけたようなら、
ぜひ無料メルマガにもご登録ください。

メルマガでは、
本に書ききれなかったビバトレの裏側のことや
世界最強の経営コンサルタントである
ジェームス・スキナー主催の選ばれし者しか参加できない
ビリオネア塾®での体験談、ユダヤの教えについて
阿部ヒロについてさらに詳しく話していきます。

阿部ヒロについてさらに知りたい方、
経営者として自己成長していきたい方、
成功している経営者の思考法を知りたい方
会社員としてさらに成長していきたい方
生き残っていきたい方はメルマガ登録必見です！

特典① 阿部ヒロの応援ソング

特典② 圧倒的な技術力を誇る、
あべひろ総合歯科医院での
「診察と治療に関する無料相談」

メルマガ登録はこちらから

QR コードを読み込んで、ご登録ください。

▼
▼

※特典の配布は、予告なく終了することがあります。

阿部ヒロ（あべ・ひろ）

福島県生まれ。2001年、東京歯科大学歯学部卒。
2015年、東京歯科大学大学院卒 博士号学位を取得。
東京歯科大学千葉病院に勤務。
その後、つがやす歯科医院（北海道帯広市）にて勤務した後、
海岸歯科室（千葉県千葉市）にて勤務、
東銀座歯科医院（東京都中央区）にて分院長。
槙原歯科 豊洲インプラントセンター（東京都江東区）にて院長兼施設長。
2012年5月、埼玉県三郷市にて、あべひろ総合歯科を開業。
2015年4月、医療法人社団 輝未来に法人移行、理事長に就任。
2017年12月、ニューヨーク大学、留学。
2018年3月、千葉県松戸市にて、東松戸総合歯科クリニックを開業。
2018年6月、スウェーデン王立イエテボリ大学、短期留学。

人生変えたい!?
熱く生きるためのユダヤの教え

2023年6月2日　初版第1刷発行

著　者	阿部ヒロ
発行人	津嶋 栄
発　行	株式会社フローラル出版 〒163-0649　東京都新宿区西新宿1-25-1 新宿センタービル49F　＋OURS内 TEL　03-4546-1633（代表） TEL　03-6709-8382（注文窓口） 注文用FAX　03-6709-8873 メールアドレス　order@floralpublish.com
出版プロデュース	株式会社日本経営センター
出版マーケティング	株式会社BRC
Special Thanks	Ryu Julius／James Skinner
カバーデザイン	小口邦平＋青山風音（tobufune）
本文デザイン	梅津由紀子
DTP	株式会社三協美術
印刷・製本	株式会社ティーケー出版印刷

乱丁・落丁はお取替えいたします。ただし、古書店等で購入したものに関してはお取替えできません。
定価はカバーに表示してあります。本書の無断転写・転載・引用を禁じます。

ISBN978-4-910017-34-1　C0030